OPEN INNOVATION

オープン・イノベーションの教科書

社外の技術でビジネスをつくる実践ステップ

ショーワグローブ株式会社代表取締役社長
株式会社ナインシグマ・ジャパン顧問
星野達也

ダイヤモンド社

はじめに

1997年12月25日。

ギリシャの田舎町でヒッチハイクをしていた私の目の前に、一台のトラックが停まった。クリスマスの影響で公共交通機関がストップし、やむにやまれず、隣町まで運んでくれる車を待っていた私にとって、2時間待った末に停車してくれたトラックは、まさに救世主であった。

運転手は、日焼けして、たくましい体つきをした中年女性。話をしてみると、その近くでオレンジ農園を経営しているという。道すがら雑談をするなかで、私が日本人だとわかると、「このトヨタのトラックはすごいのよ。馬力はあるし、故障もしない。日本の製品はすごいわね」と嬉しそうに語りかけてきた。彼女が得意げに運転していたトラックは、映画のなかでしか見ることができないような、何十年も前の型のトラックであったが。

その旅行では、宿泊したホテルで出会った、出稼ぎに来ているというロシア人のこともよく覚えている。彼は、「娘のクリスマス・プレゼントにソニーのウォークマンをあげたんだ。とても喜んでくれたよ」と誇らしげに話してくれた。

日本から何千キロも離れた外国の田舎町で、自分が日本人であること、そして日本のモノづくりを誇りに思った瞬間である。

オープン・イノベーションは武器になる

日本の製造業は、優れた組織力をもとに１９７０年代から80年代まで急成長を遂げたが、90年代以降は苦戦を強いられている。韓国、中国、台湾といったライバル国の台頭、ＩＴ化やグローバル化の波への乗り遅れ、進まない水平分業、国内メーカー同士の消耗戦……苦戦の理由は１つではなく、さまざまな要因がじわじわと効いてきている。

とくに90年代になると、技術の多様化が急激に進み、研究開発のすべてを自分たちだけで行っても市場のスピードについていけなくなった。そうしたなか、必要に応じて外部の技術を利用することで研究開発をスピードアップさせる、いわゆる「オープン・イノベーション」の発想が芽生えてきた。

オープン・イノベーションとは、モノづくり企業（いわゆるメーカー）が、モノづくりの過程で見えてきた課題に対して、自分たちだけで解決することにこだわらず、必要に応じて社外から最適な策を探し出すことで、より迅速に課題を解決するための手段である。すべてを自社で解決する「自前主義」（クローズド・イノベーション）とは大きく異なる考え方であり、「スピードを優先し、自分たちだけでできなければ、外部の知見を活用してでも何とかする」という狙いがそこにはある。

インターネットの普及により、世界中どこにいても、情報のやり取りが瞬時に行えるようになったこと、ベンチャーキャピタルを通してベンチャー企業にも投資マネーが回ることもあり、彼らが優れた技術を持つようになったこと、そして、２０００年頃から技術を必要とする側と技術を持っている側を仲介する企業が相次いで設立され、技術の流通が加速したことなど、複合的な要因が後押しして、オープン・イノベーションは世界中で急激な広がりを見せている。歴史上、これほどの勢いで研究開発のあり方が変わったことはなかったのではないか。

オープン・イノベーションという仕組みが広く認知され、実践されるようになるとともに、この仕組みを最大限に活用して研究開発を効率化し、実績を上げる企業も出てきている。世界的に見れば、プロクター・アンド・ギャンブル（P&G）やフィリップスなどが、その代表例だ。日本国内においても、トヨタ自動車、東レ、味の素、帝人、武田薬品工業など、グローバルに戦う企業が積極的にこの仕組みを導入し、徐々に成果を上げ始めている。

オープン・イノベーションは大企業だけのものではない。その実践は中小企業やベンチャー企業、大学にとっても大きなメリットがある。

大企業が研究開発を加速するために、中小・ベンチャー企業や大学の技術を積極的に採用するようになったことは、裏を返せば、優れた技術を持つ企業や大学にとって大きなチャンスが巡ってきたとも言える。実際、このチャンスを最大限に活かして、大企業との協業実績を積み上げる中小・ベンチャー企業や大学も出てきた。昔ながらの工場地域にある中小企業や、地方の国立大学など、積極的な技術提供で実績を上げ始めている。

ただ、日本でオープン・イノベーションが本格的に広がり始めたのはリーマン・ショック後であり、その歴史は欧米に比べると浅く、大きく後れを取っていることは否めない。いまだ黎明期であり、十分に正しい理解が浸透しているとは言えず、目に見える成果も限られている。言葉のみが独り歩きしている感があり、誤った理解で拒絶反応を示している組織も多い。オープン・イノベーションが、「自社開発の否定」や「リストラの一環」と誤解されることも少なくない。

オープン・イノベーションは、あくまでも研究開発を加速する〝手段〟の1つにすぎない。しかし、うまく使えば確実に効果が得られるものだ。つまり、メーカーにとっての「武器」の1つとなる。ただし武器である以上、その「使い手」にもスキルが求められる。オープン・イノベーションという武器は、正しい使い方を習得することではじめて威力を発揮するのだ。

武器が正しく理解されない、あるいはその存在すら知らないばかりに、グローバル競争のなかで損をする事態が生じることは避けなければいけない。それだけではなく、武器を巧みに使いこなすことによって、モノづくりの国・日本のポテンシャルを最大限に発揮するきっかけになるはずだ。

モノづくりこそ、ビジネス

私は、かつて世界中から尊敬を集めた日本の製造業が、まるで衰退産業であるかのように語られる現在の状況を心から悔しく思っている。それは私の生い立ちからいまに至るまで、モノづくりに携わる人々の熱い想いを、身近で受け止め続けていたからにほかならない。

私が生まれ育ったのは、栃木県小山市。関東平野の北部に位置し、古くは日光街道の宿場町として栄えた交通の要所だ。東京から100キロも離れていない地の利を活かし、戦後、市内に複数ある工業団地にいくつもの大企業を誘致することに成功した中堅都市である。野菜や果物、米といった昔から続く伝統的な農業と、戦後に急拡大した工業が入り混じった活気ある町だ。小学校のクラスメートの父親は、農業従事者と工場勤務で大半を占めていたと記憶している。

私の父も、市内の工業団地に移ってきた建設機械メーカーに勤めていた。父が勤務する工場の労働者用大浴場で泳いだり、労働組合の祭りや運動会に参加したりしたことは、子どもの頃のいい思い出だ。いまでも鋳物の臭いをかぐと、父が働いていたブルドーザーのエンジン工場を思い出す。

そんな環境で育ったからか、私には「ビジネス＝モノづくり」という発想が、物心ついた頃から自然にすりこまれていたように思える。高校では迷わず理系を選択し、大学進学の際には、工学系に進むことを使命のように感じていた。大学では資源開発工学を専攻し、大学院時代は、研究のためスウェーデンで2年間過ごしている。ちなみに冒頭のヒッチハイクの話は、スウェーデン留学中、北欧の暗い冬から逃げ出してギリシャを旅行していたときの出来事だが、私に「日本のモノづくりのすばらしさ」をあらためて教えてくれた一件でもある。

大学院を修了したのち、日本のメーカーでエンジニアとしてのキャリアをスタートしたのが、1999年だった。1997年に山一證券、1998年には日本長期信用銀行が破たんし、「大企業は潰れない」という神話はすでに崩壊していた。1999年には、日産自動車にカルロス・ゴーン氏がやってきたことで、「サラリーマンのゴールが社長」という発想が粉々に打ち砕かれたのを思い出す。それまでのビジネスの常識が次々と覆されるなかで生き方に悩み、このままエンジニアとしてキャリアを積み重ねることが最良の選択なのかと、何度も自分に問いかけた。

そして悩みに悩んだ末に、人生をリセットすべく、マッキンゼー・アンド・カンパニーに転職を決意した。このとき、すでに28歳だった。マッキンゼーといえば、猛烈な仕事量と、厳格なアップ・オア・アウト（昇進できないものは去る）で知られる外資系のコンサルティング会社である。ご多分にもれず、私も強烈な洗礼を受け、ゼロから仕事の仕方を叩き込まれた。

最初の数年は、「ゼロベースで考えろ」「自分をアンラーン（過去の経験を捨てろ）しろ」「Whyを10回繰り返せ」など、徹底的に思考方法を訓練させられた。思い切ってミーティングで意見を口にしても、「So what?（だから何？）」「30秒で説明して」と、容赦ない突っ込みが飛んでくる。すでに妻子持ちだった私は、土日には家族サービスも必要だし、ただでさえ少ない睡眠時間を娘の夜泣きでさらに縮めるなど、気の狂うような毎日だった。

嵐のような数年間が過ぎるなかで、何となくマッキンゼーでの自分の居場所が見えてきたとき、やはり自分の戦場は「モノづくり」だと再確認することになる。金融、マーケティング、IT、アパレルなど、多様な業界でのプロジェクトを経験したが、圧倒的に製造業との相性がよかったからだ。周囲もそれに気づいたからか、徐々に製造業支援のプロジェクトに携われるようになり、3年目からは、自動車、電機、機械、材料など、いわゆるモノづくり関連のプロジェクトに従事するようになっていた。

その経験があるからこそ、2000年代に入り、日本の製造業が急激に勢いを失い始めたのを痛感している。韓国・中国の台頭、工場を海外に移転することによる空洞化、IT技術を使った新興企業の出現、相次ぐリコールや不祥事……決定的に何かが悪いという印象はなかったが、さまざまな要因がボディーブローのように突き刺さり、日本のモノづくりのよさが失われてきている気がしていた。そして、ゲームのルールが変わりつつあることをじわじわと感じていた。

マッキンゼーでは、顧客のプロジェクト・チームと行動をともにして、戦略立案や戦略実践の支援を行うことが多い。ある自動車メーカーのプロジェクトでは、クライアント・メンバーと一緒に海外を行脚して市場調査を行ったが、一緒にいる時間が長い分、自然と彼らの想いを聞く機会が増える。技術者としての熱い想いを持って入社したが、思うように研究や開発が進まず苦しむ姿、それでも会社のため、家族のために血眼になって働く姿を間近で何度も見てきた。

また、ある電機メーカーとのプロジェクトでは、海外勢の攻勢にあったり、予算が削減されたりして理想的なモノづくりができず、何のために入社したのかと悩む技術者の姿を幾度となく目にした。「本当は前の会社でそのまま研究を続けたかったけど、自分の研究を続けるためにはここに来るしかなかった」と話す、部門閉鎖で外資系企業に転職した研究者にも出会った。

どうすれば彼らの努力は報われるのか。私には何ができるのだろうか。そうしたことを悶々と考え続けていた時期でもある。

日本のモノづくりの復活に賭ける

「自分の頭脳を駆使して、価値を創造し、それを社会に提供することで、人々を幸せにするのが製造業だ」

社会に出る際に、大学の担当教官に言われた言葉はいまでも脳裏に焼き付いている。いかにして「価値を創造」できるのか、人々の役に立てるのかと真剣に考えていたとき、私の運命を変える一本の電話が会社に入った。それは、２００５年の秋のことだった。

電話の主は、諏訪暁彦（現ナインシグマ・ジャパン代表取締役）だった。マッキンゼーに入社してはじめて割り振られたプロジェクトで、私の教育を担当してくれた人間である。

彼はその数年前にマッキンゼーを退職して、日系シンクタンクに移籍していた。正直、苦手な相手だった。入社後、はじめてのプロジェクトで右も左もわからない私に、容赦ない厳しい指導をしてくれた一人である。高校時代からアメリカへ渡り、大学院まで向こうで過ごした諏訪は、よく言えば「アメリカン」、流行の言葉で表現すれば「空気が読めない」人間である。純和風の私とは、まさに水と油だ。指導を受けているときも、カタカナ言葉の多い彼の会話には、正直ついていけなかった記憶がある。その「指導」から解放されたのち、私の「ＮＧリスト」（今後は、絶対に一緒にプロジェクトをしてはいけない社員をこっそりリスト化したもの。当然、門外不出）に、最初に名前が刻まれた人間でもあった。

そんな彼からの突然の電話に、驚かされたのは言うまでもない。たしか「１年後の２００６年秋に日本で会社をつくるので、一緒にやらないか」という内容だったと記憶している。だがマッキンゼーで6年目を迎え、仕事も乗りに乗っていた時期だったために、当然のことながら、丁重にお断りした。少なくとも、私はそのつもりだった——。

しかし、それ以降も猛烈なコンタクトが続く。自分は興味がないということを暗に意思表示したつもりであったが、空気の読めない諏訪にはまったく通じない。そもそも、興奮した諏訪の説明は飛躍が多く、なかなか理解できない。電話で話をしても一向にらちが明かないため、一度会って話を聞くことにした。

そのときに諏訪から聞いた話によって、私の考えは一転した。「オープン・イノベーションという動きが海外で広がっている」「日本の製造業も負けてはいられない」「日本で会社をつくって、一緒に日本のモノづくりのために頑張ろう」と彼は熱く語った。当時の私にとっては、いやというほどピンとくる話であり、その場で1年後の会社設立に参画することに同意した。

そうして2006年10月、東京都・大手町のレンタルオフィスでナインシグマ・ジャパンが産声を上げた。「日本企業こそ、オープン・イノベーションを活用して競争力を高めるべきだ」という信念のもと、積極的にトップ営業を繰り返し、オープン・イノベーションの必要性を説いて回った。だが無名のベンチャー企業に対して、トップ・シークレットである研究開発の課題を開示し、支援を求める企業はそうそうあるはずもない。当然ながらはじめは苦戦を強いられた。

だからこそ、設立3カ月後の2006年12月、帝人からの大量受注に成功したことは忘れられない。「正直、半信半疑のお手並み拝見だった」と後に担当者から知らされたが、当時の我々にとっては涙が出るほど嬉しいニュースである。いまも明確に覚えているが、２００６年12月31日に、記念すべき最初の「請求書」を帝人宛に発送し、２００７年の正月を迎えたのだった。

それからあっという間に8年が過ぎた。オープン・イノベーションのサービス・プロバイダーとして、国内だけでも１００社を超える企業の支援をしてきたが、その間、「モノづくり企業を強くする」というミッションを忘れたことはない。

日本国内でオープン・イノベーションを広めることは、事前の想像をはるかに超える難しさがあり、辛い経験も何度もしたし、とんでもない大失敗も数え切れない。だがその一方で、日本のモノづくりのポテンシャルの高さを肌で実感することができたのは、大きな自信につながった。

大企業から中小・ベンチャー企業、大学や研究所を含めて、日本の技術力は間違いなく世界一だ。ゲームのルールの変化についていけていないだけであり、体制を整えれば、必ずモノづくりの復活はあると信じている。そして、その武器の１つがオープン・イノベーションなのである。

環境の変化をチャンスとして活かす

本書は、オープン・イノベーションという武器の効果を最大限に発揮するための手引書として、その総論から具体事例の紹介、さらに実践にあたっての留意点など、モノづくりに関わるすべての方に役立てていただけるよう心がけて構成している。そこには、「オープン・イノベーションを通して、日本のモノづくりを強くする」というミッションを掲げて活動する我々が、日々貯めてきた想いや、何としても理解していただきたいと考えている内容も詰め込んでいる。

本書は全6章から成る。ただし、必ずしも第1章から読んでいただく必要はない。技術探索を進める日本企業の事例に関心があれば第3章をお勧めするし、オープン・イノベーションを利用して技術を発信したいと考える中小・ベンチャー企業や大学の方であれば、第4章から目を通していただいてもよい。各章の内容を簡単にまとめると以下の通りである。

第1章では、本書におけるオープン・イノベーションの定義を明確化し、その後、オープン・イノベーションの考え方やそれが広まった背景をまとめている。最初に「オープン・イノベーション」という言葉を唱えたハーバード大学（当時）のヘンリー・チェスブロウ教授は、オープン・イノベーションを「企業内部と外部のアイデアを有機的に結合させ、価値を創造すること」と定義している。ただ、これは極めてあいまいな言い回しであり、読み手それぞれが異なるイメージを持ってしまうことが多い。

大手メーカーのオープン・イノベーション活動を支援している我々は、これを次のように定義している。「メーカーが、自社のみでは解決できない研究開発上の課題に対して、既存のネットワークを超えて最適な解決策を探し出し、それを自社の技術として取り込むことによって、課題を解決する」。なおこの定義は、グローバルなオープン・イノベーションの世界で共通認識として使われているものであり、決して私の勝手な見解ではない。またこの章では、日本企業がオープン・イノベーションと混同しがちな、グループ内連携やコンソーシアム型の共同研究開発、お付き合いがある大学との共同研究、アウトソーシング、休眠特許のキャッシュ化などは、本書が示すオープン・イノベーションとは異なることも解説している。

第2章では、実際にオープン・イノベーションを始める企業の参考になるよう、技術探索型オープン・イノベーションの具体的な進め方を、ステップ・バイ・ステップで解説している。あくまでも現時点でのオーソドックスな進め方をまとめたものであり、当然のことながら、これが正しいと主張するつもりも、実践すれば必ずうまくいくはずだ、などと約束するものでもない。この章を足掛かりに、最終的には、各企業の独自性を加えていくことを期待してまとめたものである。

第3章では、オープン・イノベーションに取り組む日本企業の例を取り上げ、その取り組みの詳細を紹介している。オープン・イノベーションは欧米が先行したので、これまで国内で出版されたオープン・イノベーションに関する書籍は、海外の書籍を日本語に訳したものが多い。そのため、紹介する事例もP&Gやゼロックス、IBMなどに限られていた。日本人としてはいまひとつ腑に落ちない部分も少なくなく、「日本ではどうなのか」と感じた方も多いと思う。

そこでこの章では、オープン・イノベーションを積極的に進める日本企業の事例を紹介している。トライ・アンド・エラーを繰り返して自社独自の方法論を編み出した東レ、トップダウンで組織的に活動を進める味の素、オープン・イノベーション推進チームが活動をリードする大阪ガス、自動車業界で最も先をいくデンソーの4社に関しては、インタビューを踏まえ、詳細にその活動の様子をまとめた。業界も企業風土も異なる日本企業の取り組みに、ご注目いただきたい。

第4章では、中小・ベンチャー企業の経営者や大学の研究者を読者として想定し、「技術探索型」とは逆をいく「技術提供型」のオープン・イノベーションについて解説している。大手企業が技術ニーズをオープン化して、積極的に外部の技術を活用するようになっている。この流れに乗じて、自社の持つ技術を積極的にアピールし、大企業との連携につなげる企業や大学が続出している。世界的に見て高い技術を持つ日本の中小・ベンチャー企業や大学の技術は、うまく発信できればグローバル企業のニーズにぴたりとはまり、採用してもらえることも少なくない。そこで、この章ではチャンスをいかにとらえるかを記している。

第5章では、自分たちの技術をうまく活用して、大企業との連携につなげた企業や大学の事例を紹介している。オープン・イノベーションの広まりをチャンスととらえ、積極的に技術を発信し、実績を積み上げている組織はある。帝人のような大企業から、長野県にある中小企業のハタ研削、神奈川県にあるベンチャー企業のジャパン・アドバンスト・ケミカルズ、さらには香川大学まで、業種・業態を横断的に取り上げ、その取り組みを紹介する。中小・ベンチャー企業や大学の方には、ぜひ読んでいただきたい（なお、第5章で紹介する事例は、ナインシグマ・ジャパンが実際に取り組んだものである）。

第6章では、オープン・イノベーションの仕組みを使った新しい取り組みを紹介している。技術提携だけではなく、これまでは難しいとされてきた第三者からのアイデア募集、あるいはオープン・イノベーションをマーケティングに活用する事例など、この仕組みを応用して、さまざまな取り組みを始めた企業がある。繰り返しになるが、オープン・イノベーションはあくまでも「手段」であり、ゴールではない。この手段を知ったときに、それをどう活用するのか。ここにはクリエイティブな発想ができる日本企業の強みが発揮されるところでもあり、今後、オープン・イノベーションをさらにうまく使っていくためのヒントになることも期待している。

私は、何かの専門家でもないし、評論家でもない。大学の教授でもないし、気の利いたコメントができるほど口達者でもない。一介の技術仲介業の社員であり、見たこと、聞いたことから物事を伝えることしかできない。ただ、オープン・イノベーションの現場の経験だけは、日本で最も豊富だと自負している。これまで私が見てきたこと、聞いてきたことは、できるだけ多くの方と共有すべきものであり、それが自分の責任でもあると考えている。

本書の内容には、多分に、私個人の偏った見解が含まれるかと思うが、紹介するケース等の事実に関しては、できるだけ忠実に描写している。そこから何かを感じ、「気づき」を得ていただきたい。欧米において、これほど急激にモノづくりのあり方が変化しつつあるなかで、日本だけが取り残されるということは絶対に避けたい。むしろ、この流れにうまく乗って、日本がモノづくりで復活するチャンスに変えていきたいのだ。

本書はモノづくりに関わるすべての方に対するメッセージである。一人でも多くの方に、私の想いをご理解いただければ幸いである。

CONTENTS

目次　オープン・イノベーションの教科書

第2章 埋もれた技術を探し出す

第3章 技術の探し方を5つの実践事例で学ぶ

第4章 優れた技術を提供する

第5章 技術の売り方を4つの実践事例で学ぶ

第6章 オープン・イノベーションを応用する

第1章

オープン・イノベーションとは何か

大ヒットを記録したフィリップスのノンフライヤー

オランダのフィリップスが開発した「ノンフライヤー」をご存じだろうか。「油を使わずに揚げ物をつくれる調理器」として、2013年2月に日本で製品が発表されると、話題が沸騰。4月の販売開始とともに、あっという間に在庫切れを起こし、一時は2カ月待ちの状態になった。急遽、販売目標を当初の5万台から20万台に引き上げたという。これまでに(2014年9月時点)、国内で40万台が売れる大ヒットとなった。累計では、すでに100カ国以上で320万台以上を売り上げたというから驚きである。(注1)

出典：PHILIPS、「製品詳細 HD9530」、http://www.japan.philips.co.jp/kitchen/HD9530/.

フィリップスのノンフライヤー

市場価格は日本では約3万円、海外でも約2万5000円(250ドル〔1ドル＝100円で計算〕、200ユーロ)前後ということから試算すると、この製品1つで、およそ800～1000億円を売り上げたことになる。成熟市場である調理家電市場において、この売上げは空前の大ヒットと言えるであろう。

フィリップスのノンフライヤーは、200℃に達する熱風を高速循環させ、食材のなかにある油を使いながら揚げ物をつくることができ、油で揚げる揚げ物に比べ、最大で80%の脂肪を低減できるという。電子レンジのように電磁

(注1) 安蔵靖志、2014年8月21日、「フィリップスの新型『ノンフライヤー』は、“フライ以外の料理”に照準？」、日経トレンディネット、http://trendy.nikkeibp.co.jp/article/pickup/20140820/1059606/?ST=life. などを参照。

波が出るわけでもない。調理に際しては空気しか使わないため、蒸気や臭いも少ない。油を使わないために安全だし、汚れも少なく掃除も楽。まさに、これまでの揚げ物の概念を覆す調理器具である。日本で人気の唐揚げやてんぷらの調理も可能であり、油ものは好きだが健康志向が強い日本人にとっては、まさにど真ん中の製品だ。他国と比べても、日本での販売台数の伸びは最速だという。

ノンフライヤーはオープン・イノベーションから生まれた

油を使わずに揚げ物をつくる技術は確実に市場が見えていたため、これまでも各社が血眼になって求めていた技術である。製品化されたものも一部あったが、調理時間が長く、味の質も不十分ということで、成功と呼べるものはなかった。機能、手軽さ、サイズ、コストの面で消費者に受け入れられる商品を実現することは容易ではなく、家電メーカーの永遠の課題とも言われていた。

それをついにフィリップスが実現したことになるが、実はこの製品、フィリップスの独自開発ではなく、社外の技術を導入する、いわゆる「オープン・イノベーション」という仕組みによって生まれた事実は意外と知られていない。オランダの中小企業が持つ技術をフィリップスが導入し、その技術を使って実現したのである。

オープン・イノベーションとは、１９９０年代後半からアメリカを中心に急拡大したモノづくりの手法の1つである。研究開発から事業化に至るプロセスにおいて、積極的に社外の技術を活用しながらスピーディーに事業化を進めることだ。つまり、自社のみで解決できなければ社外の技術を利用してでも解決するという、それまでの自前主義一辺倒による研究開発とは異なり、「他力活用によって時間を買う」といった考え方が根本にある。まさにフィリップスは、自前主義へのこだわりを捨て、実をとるという判断をした結果、この製品が生まれたのである。

ノンフライヤー実現のカギとなるのは、2007年、APDS創業者のファン・デル・ヴェイジ（Van der Weij）氏が発明したラピッド・エアー技術である。(注2) これは、高温の熱風をまんべんなく循環させる技術だ。高温の熱風を循環させる考え方はそれまでもあったものの、彼の発明には他社が思いつかなかったある工夫が施してあり、極めて簡易かつ短時間に調理ができる技術であった。

ファン・デル・ヴェイジ氏は、その後2年をかけて技術を磨き込み、特許化したうえで、2009年には試作機まで仕上げ、一緒に商品化をしてくれる組織を探すこととした。はじめは、すでにコンタクトのあったブラウンへ協業を打診した。しかしながら、同社はこの技術に関心を持たなかったため、次にフィリップスに持ち込んだのだった。

実はフィリップスも、油を使わない調理技術に関して2005年から独自に研究を進めていた。しかし、どうしても利便性と低コスト化の壁が乗り越えられずに苦戦していたところだった。そのため、持ち込まれた技術の確かさを即座に見抜き、すぐに協業に進んだという。その後わずか1年で商品化を実現し、それ以降の大ヒットにつなげた。

（注2）Vanhaverbeke, Wim., with Vermeersch, Ine., and De Zutter, Stijn., March 2012. "OPEN INNOVATION IN SMEs: How can small companies and start-ups benefit from open innovation strategies?", http://www.sciencebusiness.net/eif/documents/Open-innovation-in-SMEs.pdf. などを参照。

老舗企業の復活を賭けた社外技術の導入

フィリップスは、1891年、ヘラルド・フィリップスがオランダで設立した電球工場がその起源である。その後、ラジオ受信機、蓄音機、電気通信装置などに拡大し、総合エレクトロニクスメーカーとなった。

日本では、コーヒーメーカーや電動ひげそり機（シェーバー）などがよく知られているが、かつては照明や医療機器、半導体やAV（音響・映像）機器分野で高い技術力を誇り、CDやDVD開発の先駆者としても知られている。ただし、2013年の売上げは約3兆3000億円（233億ユーロ）。売上げ規模で見れば日立製作所やパナソニックの半分以下であり、決してGEやシーメンスのように売上げが10兆円を超えるようなマンモス企業ではない。

90年代には、テレビやビデオ市場で、日の丸家電メーカーと熾烈な戦いを繰り広げていた。ところが、2001年には3400億円（26億ユーロ）、2002年には4500億円（32億ユーロ）に上る最終赤字を出し、大規模なリストラを敢行した。その後、選択と集中に徹し、事業の入れ替えを進めた。半導体や電子部品を相次ぎ売却し、2011年には、長年屋台骨を支えてきたAV家電部門を切り離した。もともと7つあった主要事業は、「家電」「照明」「医療機器」の3つに絞り込んだ。1998年には25万人いた従業員は、いまでは11万人まで減っている。プロダクト型企業から、ソリューション型企業への移行を目標に改革を進めている。

そんなフィリップスが、オープン・イノベーションを明確に戦略に掲げたのが2004年である。フィリップスのオープン・イノベーション戦略は、オランダのアイントホーフェン郊外にある「ハイテクキャンパス」を中心に始まった。(注3) もともとフィリップスの研究オフィスがあった場所に、NXPセミコンダクターといったグループ企業のほか、IBMやアジレント・テクノロジーなどの大企業や、コンサルティング会社、ベンチャー企業など100社以上の企業、8000人以上の就業者が集まっている。

照明機器向けのレーザ・センサなど、目に見える成果を上げることで活動は加速した。構想段階でのアイデアはハイテクキャンパスで生まれ、実用化段階で製造会社を買収して製品を生産したという。

2007年に来日したCTO（最高技術責任者）のリック・ハーウィッグ（Rick Harwig）氏は、記者会見で次のように語っている。(注4)「日本企業の方々から見れば，オープン・イノベーション戦略は少し変わったやり方かもしれない。フィリップスは、事業の柱を『家電』『照明』『医療機器』としており、これらの事業が将来にわたって続けられるような新事業を、このオープン・イノベーション戦略で創出するようにしている」。また、「フィリップスがオープン・イノベーションの有効性を感じ、戦略として立ち上げるきっかけとなったのは、過去に行ったソニーとのオーディオ向けCD開発での協業であった」とコメントしているのも興味深い。

フィリップスは、戦略的にオープン・イノベーションを展開し続け、ここ数年で確実に目に見える結果が出始めている。ノンフライヤーはその象徴の1つにすぎず、その後もヒットは続いている。たとえば、眼鏡に使われる柔軟かつ高強度の樹脂を利用して実現した「壊れないヘッド

(注3) Baller, Theun. June 17, 2011. "Philips Open Innovation and High Tech Campus Eindhoven", http://www.stifterverband.de/veranstaltungen/archiv/2011_06_16_enterprising_knowledge/baller_philips_open_innovation_and_high_tech_campus_eindhoven.pdf. などを参照。

(注4) innavi net、2007年、「フィリップスCTO, プレスラウンドテーブルで研究開発戦略と製品開発コンセプトを発表」、http://www.innervision.co.jp/05report/2007/05r_07_11_01.html. などを参照。

フォン」などがその一例だ。[注5] 有形・無形含めて、さまざまな成果が結実し、これからさらにオープン・イノベーション戦略の加速に入るという状況である。

2004年からの活動開始後、2010年のノンフライヤーのヒットなど着実に実績を積み上げた後、2010年に発表した全社戦略「Vision 2015」のなかで、フィリップスは全社的なオープン・イノベーション活動に舵を切った。フィリップスの組織的な活動の様子は日本企業にも大いに参考になるため、もう少し踏み込んで紹介する。[注6]

まず、本格的に進めるに当たり、具体的な目標を立てていることが特徴の1つである。「フィリップスは、ワールドクラスのオープン・イノベーション企業を目指す」と明文化し、その詳細として以下のような項目を挙げている。

① よりよい技術をいち早く獲得することで、研究開発を加速する。そのために積極的に社外から情報を入手する。
② オープン・イノベーション活動を推進するリーダーを任命する。
③ 2015年までには、商品化のためにキーとなる技術の50％は、外部から導入するようにする。

そのうえで、オープン・イノベーションに特化した3年計画として、2010年から2012年までの中期プランを作成した。2010年は「展開」、2011年は「定着」、2012年は

(注5) Onassis, Iason. December 13, 2011. “Our Open Innovation Journey: How we opened up to collaborate”, http://www.integraalsamenwerken.nl/files/philips-our-journey-open-innovation-symposium.pdf. などを参照。

(注6) Wielens, Rick. November 23, 2012. “Fearless Innovation: How Philips is using OI to bring block busters faster to market”, http://www.schoolofcoaching.it/eventi/ninesigma_workshop_23-11-12.pdf. および、van der Wal, Katja. May 20, 2011. *NineSigma's Open Innovation (OI) Leadership Summit.* のプレゼンテーションなどを参照。

「継続」の年として、各年の目標を掲げている。とくに初年度の２０１０年は、以下のような具体的な活動目標のもとに、一気に活動を展開している。

① オープン・イノベーションを進める風土を醸成し、成功体験を蓄積する。そのために、数多くの開発テーマでオープン・イノベーションを実践する。

② 少なくとも、全体の25％に当たる８００人の開発者が、この間にオープン・イノベーションを実践する。

次に、これらの活動を推進するオープン・イノベーションチームを立ち上げたことも特筆に値する。オープン・イノベーション担当ディレクターを配置し、オープン・イノベーション活動の権限を与える。そのうえで、活動推進を任務とする専任メンバーを３人選定し、推進チームを発足させた。

さらに、世界中にある11の研究センターから、合計16人のメンバーをオープン・イノベーション担当（兼務）に任命。定期的な電話会議やビデオ会議によって連携を密に取り、活動を推進した。各研究センターでのトレーニングや社内向けセミナーなども、このチームが実践している。これも重要なポイントであるが、オープン・イノベーションチームに参加することが、その後の社内でのプロモーションに不利になるようなことはないと説明しながら、優秀な人材を集めたという。

また、外部の技術を探し出すために、あらゆる手段を講じることも徹底した。目的に応じて、クラウドソーシング、サプライヤー・ネットワーク、企業コンソーシアム、産学連携、技術仲介業などを活用する仕組みをつくったが、その背景にある考え方は「とにかく〝一番〟の技術を求めること」である。「二番の技術をつかむことはむしろリスク」と言い切るあたりからも、その真剣さが伝わる。

これほど結果を出しているフィリップスであれば、社内的なオープン・イノベーションの盛り上がりも大きいのだろうと予想していたが、必ずしもそうではないようだ。「予想以上に社員の自前主義が強く、意識の変革に相当なエネルギーを使った」という。「研究を生業とする研究者にとっては、この活動はおいそれと受け入れられるものではないようだ。自分たちの存在を否定する仕組みのようにとらえた研究者も多かった。また、オープン・イノベーションという新しい手法を使うことに、ためらいを感じる研究者も多かった」。そのため、「彼らの意識を変えるために、さまざまな手を打った」と発表している。

はじめに手を付けたのが、社員に向けてトップメッセージを発信して、「誤解を解き、背中を押す」ことであった。

①他社よりも先にゴールに到達するために社外技術を活用することは、恥ずかしいことではない。社外技術活用に誇りを持つ（Proudly-found-Elsewhere）という考え方を意識すること。

②早期の失敗も成功のうち。失敗を恐れずにチャレンジすること。やりながら学ぶ（Learn by

Doing）を意識すること。

同時に、オープン・イノベーションをうまく実践した開発チームを表彰して全社内にアナウンスするなど、研究者のやる気を掻き立てる工夫をしながら意識変革を続けた。

オープン・イノベーションを担当するディレクターは、次のように語る。「オープン・イノベーションは、他社にスピードで勝つためには有効な手段。今後、フィリップスにとっては絶対に必要な活動。一方で、そこに王道はなく、失敗を繰り返しながら自分たちのやり方を構築していく」。リーダーが確固たる覚悟をもって活動を進める姿が印象的である。

大企業と中小企業、両者の強みを開発に活かす

フィリップスのオープン・イノベーションがうまく進む背景を、さらに詳しく見ていこう。

前述したように、組織的に活動する点はすばらしい。だが、フィリップスの強みはそれだけではない。フィリップスを優れたオープン・イノベーション企業とさせるもう1つの要因は、協業相手に最大限の敬意を払い、対等な関係を構築して、信頼のもとに協業を進める姿勢にある。

オープン・イノベーションは、技術を導入する企業と、技術を提供する企業があってはじめて成り立つ。かつ、両者がWin-Winとならない限り継続性がない。大企業が中小・ベンチャー企業から技術を導入することは、大企業の豊富な資金力の恩恵を受けつつ自分たちの技術が世に出

るため、中小・ベンチャー企業にとって大きなチャンスであることは間違いない。一方、大企業に有利な条件で交渉を進められたり、技術を掠め取られたりするのではという懸念も、中小・ベンチャー企業側には常に付きまとう。

その点、オープン・イノベーションを標榜して、早くから開かれた研究開発を進めているフィリップスは、みずから「外から選ばれる企業になる」（Partner-of-choice）というメッセージを発信していることもあり、安心してコンタクトできる組織なのである。大学の研究室や、設立間もないベンチャー企業との協業に関するやり方が高く評価されていたため、外から見ても、中小・ベンチャー企業と対等に付き合ってくれる大企業という評判を得ていた。

中小・ベンチャー企業が革新的な技術（Game-changing-technology）を持っていることは少なくない。しかし一般に、彼らが保有する優れた技術を見出すことは、「枯れ草のなかに混じった針を探すようなもの」と言われている。フィリップスは、自分たちの活動を世の中にアピールすることにより、みずから技術を探し出すだけでなく、技術が持ち込まれるような仕組みを構築したのである。

フィリップスのように、技術を導入して革新的な製品を実現した大企業があれば、そこには技術を提供した組織があることを忘れてはいけない。では、冒頭で紹介したノンフライヤーの場合、ＡＰＤＳはいかにこの協業にたどりついたのだろうか。

ＡＰＤＳは、１９９０年に設立された研究開発型企業である。二人の研究者で技術開発を行っていた、いわば町の発明家のような企業だった。あるとき、テレビショッピングで購入した「油を使わない調理器」を使って調理した結果、あまりのできの悪さに愕然としたことがきっかけとなり、ファン・デル・ヴェイジ氏のエンジニア魂に火がついたという。２００７年には実現のための構想が完成し、２年かけてその構想を具現化し、２００９年には試作機を完成。もちろん、特許も押さえていた。

彼は、その試作機を商品化できるだけの力を持つ企業にライセンシングすることを考え、はじめにブラウンに紹介した。しかし前述の通り、ブラウンの担当は関心を示さなかった。そこで次のターゲットであるフィリップスに持ち込んだことが、ノンフライヤーが世に出るきっかけとなったのである。[注7]

大企業は、とかく技術力の高さを追求する傾向があるが、中小企業はマーケットを見ている。ノンフライヤーのケースでは、フィリップスも同じことを考えて開発を進めていたものの、難しく考えすぎていて、どうしても構造の複雑さ、デバイスのサイズ、コストを一般消費者向けにまで改善することができなかった。一方、ＡＰＤＳは、開発リソースも限られるなかで、はじめから完璧さを求めることは考えずに、「完璧ではないが十分に受け入れられる技術」に注力していた。最終的にＡＰＤＳは、技術をフィリップス社に売り渡すことで、大きなインパクトを得ることとなった。

中小企業にとって、大企業が積極的に外部組織と提携するようになったことは、彼らと協業できるチャンスが巡ってきたということでもある。当然、中小企業に限らず、大学や研究機関にとっても同様のことが言える。今後、研究開発のオープン化がますます進むにつれ、高い技術を

（注7）注2と同じ。

持つ組織には大きなビジネスチャンスが到来する。その機会をいかにとらえてインパクトにつなげられるかが、中小・ベンチャー企業の経営者や大学の研究者にとっての大きなミッションとなるであろう。

自前主義に訪れた限界

2000年以降、オープン・イノベーションという考え方が世界中で拡大している。その背景には、競争の激化にともない、研究開発にもかつてないほどのスピードが求められるようになった事実がある。では、なぜオープン・イノベーションが必要なのだろうか。

一昔前であれば、製品のアイデアを実現するための研究や開発はすべて自分たち（付き合いのある企業や大学を含む）で行うことが常識であった。しかし、顧客ニーズの多様化、製品ライフサイクルの短縮化、グローバル化による競争構造の変化などが要因となり、モノづくりに対する要求レベルは高まるばかりで、以前のような、すべての研究開発を自社で行うやり方が限界に達している。競争に勝つために求められるスピードに追い付くためには、自分たちだけでは対応しきれないため、必然的に、既存のネットワークの外にある技術を活用するという考え方につながるのである。

研究開発において、常に「競争に勝つために達成すべきレベル」（Must do）と「自社で達成できるレベル」（Can do）の間に乗り越えなければならないギャップが生じる（図1-1参照）。以前

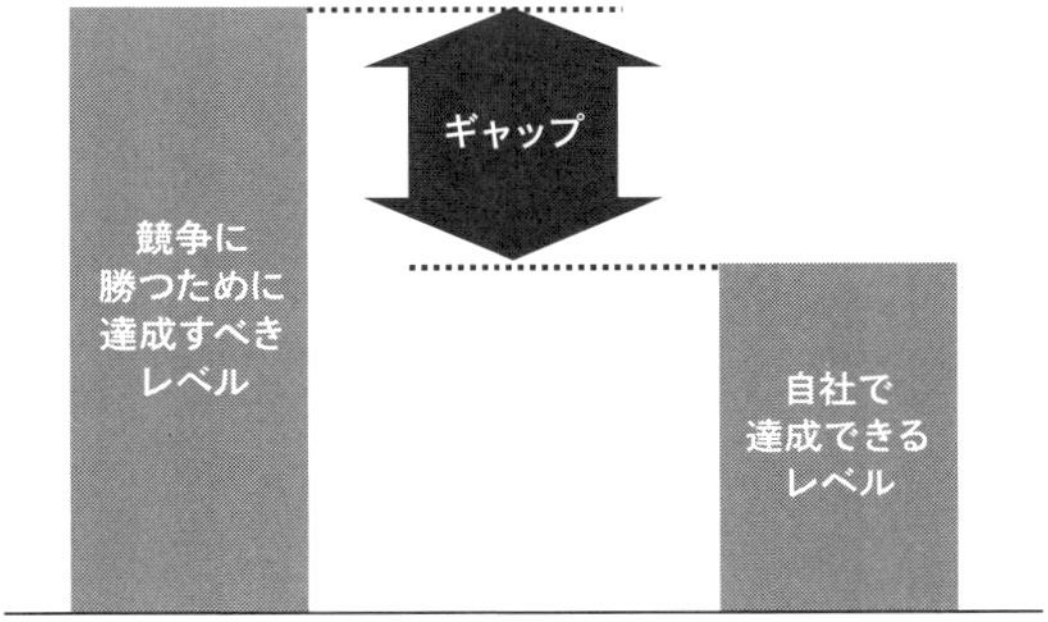

出典：筆者作成

図 1-1　達成すべきレベルと達成できるレベルのギャップは拡大

であれば、そのギャップを埋めるためには「自分たちで頑張る」ことが一般的な姿であったが、昨今、求められるレベルが高まる一方で、達成するまでに許される時間はどんどん短縮しているのだ。その結果、ギャップを埋めるためには、「既存のネットワークの外の技術を活用する」という発想に変わってきているのである。

自動車業界を例に挙げよう。自動車会社はこれまで、ガソリンエンジンとディーゼルエンジンを主として製造販売していた。しかし、ハイブリッド自動車や電気自動車、燃料電池自動車のような新しいタイプの自動車が次々と市場に投入され、かつ、それぞれが激しいグローバル競争にさらされている。結果として、「達成すべきレベル」が急激に多様化・高度化している。

当然ながら、自動車のタイプごとに新しい材料や技術が必要となり、すべてをこれまでの体制で手掛けることは不可能に近くなっている。一方で、そのような社会の変化に合わせて社内リソースを増やすことは容易ではなく、「自社で達成できるレベル」におのずと限界が生じ、「達成すべきレベル」と「自社で達成できるレベル」のギャップが拡大する。それを埋めるために、社外の技術を活用するという考え方が自然に生まれるのである。

オープン・イノベーションの先進企業として語られるP&Gも、もともとは90年代に敢行した大リストラの結果として研究者が大幅に減ってしまい、研究開発力を補完する目的でオープン・イノベーション戦略（P&Gでは「コネクト・アンド・ディベロップ戦略」と呼ぶ）をとったことがきっかけだった。「自社には8600人の研究者がいるが、世界には先端技術の研究者が150万人いる。自社のみでは解決できない課題に関しても、世界中を探せば、誰かが解決策を持っているはずだ。それを使えば研究開発は加速する」。この言葉が、見事にP&Gの考え方、そしてその後に発展したオープン・イノベーションの発想を表現している。

オープン・イノベーションとは何か

オープン・イノベーションという言葉は、2003年に、当時、ハーバード大学で教鞭をとっていたヘンリー・チェスブロウ教授が出版した書籍のタイトルで使用されたことから、広く世の中に知られるようになった（『OPEN INNOVATION』〔邦訳『OPEN INNOVATION』大前恵一朗訳、2004年、産業能率大学出版部〕）。「オープン」という枕詞に、技術革新を意味する「イノベー

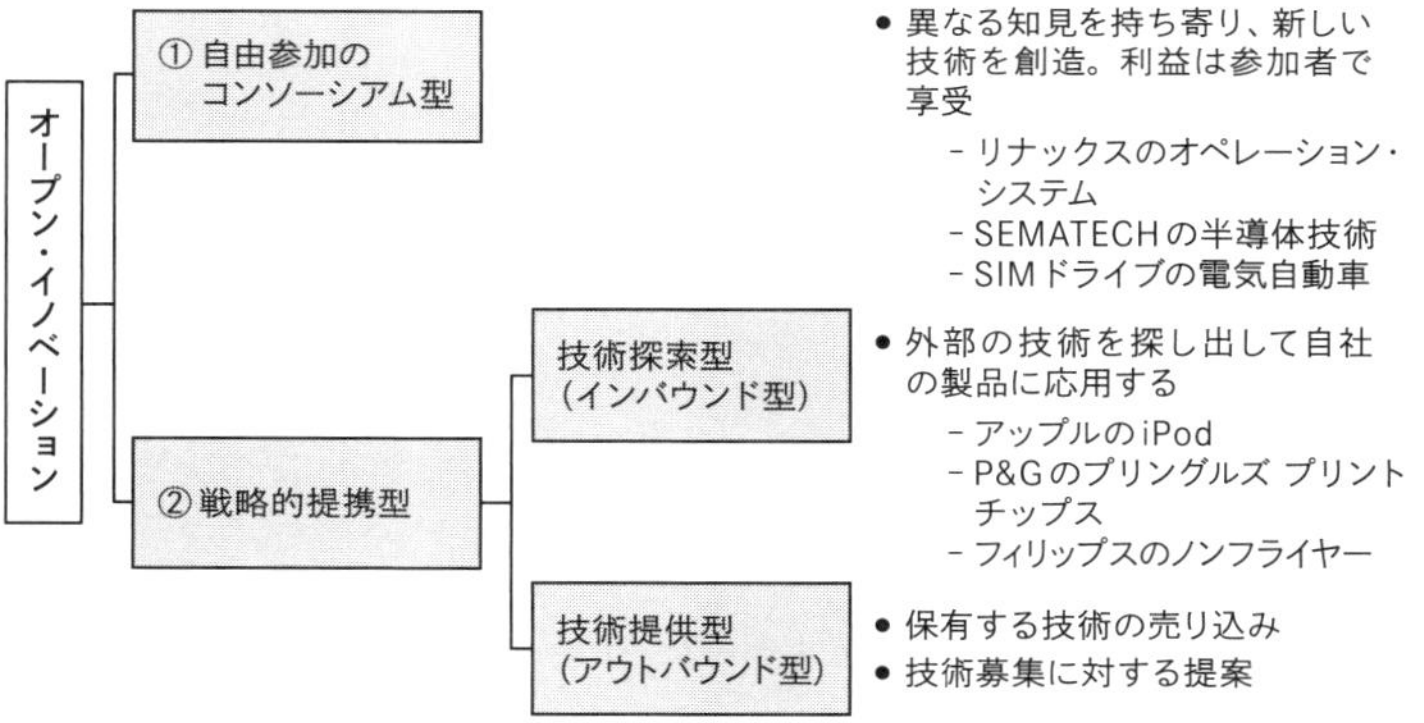

図1-2 オープン・イノベーションの全体像

ション」を組み合わせたこの言葉は、時代の潮流とも相まって、多大な関心と期待をともない世界中に広まることとなる。チェスブロウ氏の言葉では、オープン・イノベーションを、「企業内部と外部のアイデアを有機的に結合させ、価値を創造すること」と定義している。

一見、わかったようでわからないこの表現は、読む人によってさまざまな解釈がなされ、一部で混乱や誤解を招くこととなる。そのため、本論に入る前に、本書におけるオープン・イノベーションの定義を明確化する。

日本国内で一般に使用されるオープン・イノベーションという言葉には、大きく2つの意味がある。1つは、①自由参加のコンソーシアム型オープン・イノベーション、そしてもう1つが、②戦略的提携型オープン・イノベーションだ（図1-2参照）。

はじめに、自由参加のコンソーシアム型オープン・イノベーションについて解説する。これは、複数の組織が異なる分野の知見を持ち寄って新しい技術を創造し、そこで得られた成果は皆で享受するという考え方である。たとえば、オペレーション・システムのリナックス、80年代にアメリカで組織された半導体技術強化のためのSEMATECH（Semiconductor Manufacturing Technology）、慶應義塾大学の清水浩教授が率いるSIMドライブが企業や自治体と連携して進める電気自動車開発などはその代表である。

日本では、国主導の社会システムデザインなどを目的として、このスタイルが比較的浸透しており、「オープン・イノベーション」と聞くと、こちらをイメージすることが多いかもしれない。ただし、このスタイルの場合、新しい技術を生み出し、認知・普及を促すにはメリットが大きいが、参加企業から見た事業化という視点においては、そこで生まれた知財の取り扱いや利益の配分方法など、難しさも多い。そのため、「オープン・イノベーションは事業に結び付かない」と認識している経営者も少なくない。

これに対して戦略的提携型オープン・イノベーションは、事業化や実利を求めるうえでは前者よりも有効である。明確な主体者（事業をやりたい企業）が明確な目的を持ち、その目的達成のために必要な資産や技術を持つ組織を見つけ出して協業する。1つの企業が中心となり、自社のメリットを追求するという意味では、コンソーシアム型とは根本的に異なる仕組みである。競争に勝つための戦略として使うためには、この戦略的提携型が有効である。

戦略的提携型オープン・イノベーションにも、2つのパターンがある。1つは、研究開発に必要とする技術を広く探索する「技術探索型」オープン・イノベーション、そしてもう1つが、これまで築き上げてきた技術を有効利用する「技術提供型」オープン・イノベーションである。

技術を「探索」する企業があれば、それに対して技術を「提供」する企業もある、この2つは表裏一体と言ってもよいが、一般的には、技術探索型をオープン・イノベーションと呼ぶことが多い。その理由は、技術提供型に比べるとうまくいく確率が高く、マネジメント手段として十分に使うことができるためである。

技術探索型は目的が明確で、採用を前提に技術を求める。そのため、求める技術と提供される技術の間に多少のかい離はあっても、そこからの協業で何とか結果につなげることができ、成果に結び付く可能性は高い。

一方、技術提供型の場合、多くのケースでは、提供したい技術は相手にとって不十分かオーバースペック、つまり「帯に短し襷《たすき》に長し」といった中途半端なものであることが多いうえ、タイミングや供給量が相手の要望に合致する可能性は必ずしも高くはなく、そう簡単には採用されないのである。

世界的に使われる「オープン・イノベーション」という言葉も、通常は技術探索型を指し、海外で行われるオープン・イノベーション学会やフォーラムも、この技術探索型オープン・イノベーションをメインに話がされている。一方、本書では、技術提供型オープン・イノベーションに関しても第4章、第5章で触れることにする。

P&Gはイタリア企業の優れた技術を発掘

ここからは、技術探索型オープン・イノベーションについて、より詳しく説明する。

技術探索型オープン・イノベーションの場合、たとえば研究開発のなかで、「ある製品をつくるために足りない技術がある」「直面する課題に対し、自分たちだけで解決することができない」などといった、いわゆる「技術課題」がある場合に、世の中に向けて「誰か技術を持っていませんか」「この課題を解決できる人はいませんか」と問いかけ、興味を持ってくれる相手を探す。技術課題（ニーズ）に対して社外の技術を探索して社内に取り込むため、インバウンド型（外部の技術を内部に導入する）オープン・イノベーションと呼ばれることもある。

一般に、技術探索型オープン・イノベーションは成果を出しやすいため、研究開発を効率化する手段として使えると考えられている。技術探索型オープン・イノベーションの場合、社外に求めるのは、各企業の切迫した課題に対する解決策（ソリューション）である。切迫した課題であるだけに、何とかして解決したいという想いは強く、解決したときのインパクトも大きい。そのため、多少なりとも可能性がある技術が見つかった際には、真剣にその有効性を評価する。つまり、技術を探索する側のモチベーションは高いのだ。

一方、世の中には非常に多くの優れた技術が存在するが、優れた技術にとって用途は1つである必要はなく、可能性があれば他の用途や製品に展開したいと考えていることが多い。そこに対し、「こんな技術を探している」と技術的なニーズを開示しながら問いかけることで、技術を持つ側は技術の適用先を広げるチャンスととらえ、積極的に技術を提供しようとする。

つまり、「求める側」と「求められる側」両者のメリットが大きく、出会いのチャンスを提供することで自然にマッチングが進む。また、求める側が明確なハードル（求める技術レベル）を示すことで、そのハードルを越えることができる技術を集め、そのなかから最適な技術を選びだすので効率がよい。そのため、技術探索型の場合、ある程度の確率で課題を解決できることを期待でき、研究開発を加速する手段になりうることから、急激に世界的に拡大しているのである。

オープン・イノベーションの価値を理解してもらうためには、具体的な成功例を見ていただくことが早いだろう。まずは、技術探索型オープン・イノベーションの成功例を紹介する。

このタイプのオープン・イノベーションの成功例として最もよく知られているのが、P&Gのポテトチップス（プリングルズ）の例だ。これまでもオープン・イノベーションの事例としてさまざまなところで紹介されてきているが、その価値を非常にわかりやすく表現できるので、ここでも引用しよう。(注8)

ある年、パーティシーズンを前にして、P&Gの商品会議では、どうすれば自社商品のプリングルズが売れるかを議論していた。一人の社員が「チップス1枚1枚に、クイズやことわざなどを印字してはどうか」というアイデアを出した。その発想にみな同意はしたが、当時のP&Gには、揚げる前のポテトに文字を印刷する技術がなく、自社でやろうとすると、可食性インクや印字技術の開発などが一から必要となる。パーティシーズンまでの時間的な制約を考慮すると、自社単独での解決は不可能であった。

（注8）徳久悟、2011年4月13日、「イノベーションとソーシャルイノベーション」、http://designthinking.dangkang.com/innovation-and-social-innovation/. などを参照。

そこでP&Gは、オープン・イノベーションによる解決を試みたのである。「湿った柔らかい食材に、可食性インクで文字を印刷する技術」として世界中から提案を募った。そこで受け取った提案のなかに、イタリアのベーカリーからのものがあった。そのベーカリーは、以前から誕生日のケーキにメッセージを印字するサービスを展開しており、その技術を使えば解決できるのではないかと考えたのだ。P&Gが早速その技術を導入したことで、パーティシーズンに間に合う形で「プリングルズ プリント チップス」の投入が実現。結果として、その商品が大ヒットして大きな利益を得た。

出典：IdeaConnection, "Open Innovation: Pringles Print", http://www.ideaconnection.com/open-innovation-success/Open-Innovation-Pringles-Print-00037.html.

プリングルズ プリント チップス

このケースは、まさに、オープン・イノベーションの価値がどこにあるのか、まざまざと見せつけてくれている。（1）自社が求めるべき技術（食品への印字技術）を見極め、（2）技術的な表現でわかりやすいコミュニケーションを作成し（可食性インクで湿った柔らかい食材に文字を印刷する技術）、（3）自社のネットワークを超えて世界中から技術を求め、（4）素早く導入することで製品化のスピードアップを実現し、（5）大きなインパクト（売上げ増）につなげたのである。まさに、「達成すべきレベル」と「自社で達成できるレベル」のギャップを社外技術で埋めることにより、新しい価値を創造したことなる。

技術を提供した側である、イタリアのベーカリーにも注目したい。P&Gが技術を求めていることを知ったこのベーカリーは、それをチャンスととらえ、果敢に提案を試みた。もちろん、提案した時点では、採用される保証はどこにもない。もしP&Gの公募に関する情報が入らなかったら、あるいは、公募を知ってもそれをチャンスととらえずにやり過ごしてしまったとしたら、この製品は生まれなかったかもしれない。限られたチャンスをしっかり認識し、能動的に情報を提供することで、はじめて成功に結び付くのである。

技術を保有しながら、技術の出口を探し切れていない企業や大学にとって、これは1つの教訓となる事例である。第5章でも詳しく解説するが、チャンスをチャンスととらえ、モノにできるだけの情報収集力とコミュニケーション力が、今後の成功を左右するのである。

日本の中小企業がロレアルに技術を提供

次に、技術提供型オープン・イノベーションの事例を見てみよう。チャンスを確実にとらえて成果に結び付けた事例を紹介する。(注9) 日本の中堅企業が保有する技術を外部へ提供する、いわゆるアウトバウンド型のオープン・イノベーションの考え方を利用して、独自の技術でグローバルメーカーと共同開発をしたケースだ。

2000年代初頭、フランスの化粧品メーカーのロレアルは口紅の開発を進めていた。当時、

(注9) 藤井省吾、「日本ロレアルが口紅用のハイブリッド新色素を開発」、日経ヘルス、http://nhpro.nikkeibp.co.jp/article/nharchives/90381/. および、日本ロレアル、「日本の研究開発」、http://www.nihon-loreal.co.jp/%E3%83%AD%E3%83%AC%E3%82%A2%E3%83%AB%E3%82%B0%E3%83%AB%E3%83%BC%E3%83%97/%E6%97%A5%E6%9C%AC%E3%83%AD%E3%83%AC%E3%82%A2%E3%83%AB%E3%81%AB%E3%81%A4%E3%81%84%E3%81%A6/%E6%97%A5%E6%9C%AC%E3%81%AE%E7%A0%94%E7%A9%B6%E9%96%8B%E7%99%BA.htm. などを参照。

COLUMN

P&G のスピンブラシ

電動歯ブラシの市場浸透率が1％にも満たなかった2002年、電動歯ブラシの一般的な価格が30～100ドル前後だったの対し、P&G はスピンブラシを5ドルで販売することを決めた。最終商品価格が5ドルということは、P&G の卸価格は1.25ドルとなる。考え方を大きく変えない限り、到底達成できない目標だった。

それを可能にしたのが、当時キャンディの回転台に使用されていた簡単な回転機構だった。単３電池を２個使用。歯ブラシの上半分が回転する構造になっており、下半分は回転しない。この組み合わせで効果的に歯垢を除去するとされている。

この製品が大ヒットして、１年で20カ国以上に市場展開した。過去に P&G が販売した商品のなかで、最も短期間で売上げが500万ドルを達成した製品として知られている。これも、市場のニーズからつくるべきものを決め、それを可能にする技術を後付けで探し出した例である。

出典：Nottingham, John. May 14-16, 2014. “Creative Manufacturing: Unexpected Connections Orange Peels to Energy”, *NineSigma Innovation Leadership Summit 2014,* http://www.ninesigma.com/File%20Library/News%20and%20Events/Summit/Speaker%20Presentations/Nottingham-Spirk-2014-Summit-Presentation.pdf. を参照。

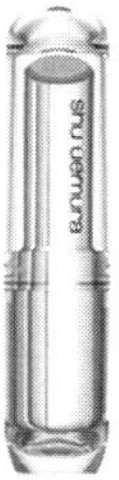

出典：シュウ ウエムラ、「ルージュ アンリミテッド」、http://www.shuuemura.jp/?p_id=MLIP005#colorvariation.

シュウ ウエムラのアンリミテッド

化粧品に使用できる色素の数は国際的な規制で限定されていたため、既存の色素を混ぜ合わせて口紅をつくらなければならず、色合いのバリエーションに限界があった。色素には、鮮やかな色を実現する有機物系色素と、肌へのなじみのよい無機物系色素があり、色合いを優先する場合となじみのよさを優先する場合で、使用する色素が異なることがそれまでの常識だった。

しかし、それでは思うような商品開発ができないと考えていたロレアルは、新しい色素に関する技術を積極的に探していた。それを知った戸田工業は、工業用に開発した「ハイブリッド色素」をロレアルに提案したのだった。無機物系の球状微粒子を有機物系の色素で覆う構造で、有機物系、無機物系の両者のよさを兼ね備えている。もともとプリンター用に開発した色素であったが、ロレアルはこのハイブリッド色素を使えば新しい口紅が実現すると考え、2002年から共同開発に進んだのだ。

広島県にある戸田工業は、売上げ約320億円、社員数約1000人（2013年、連結）の中堅企業。中国山脈から取れる硫化鉱を原料に始めた、ベンガラ（塗料や着色料の顔料）づくりをルーツとする企業である。明治末期に岡山から広島に移り、以後、酸化鉄技術をコアとして事業を展開してきた。これまでVTRテープなどに使う磁性材料で、アメリカのスリーエムやドイツのバイエルなどと共同開発を手掛けたり、研究員を海外に派遣したりと、積極的に海外企業との接点を持つよう努力をしていた。

そんな両者が出会い、共同研究に進むことで、ついに2006年、ハイブリッド色素を使った口紅が誕生したのだ。この口紅は、シュウ ウエムラ・ブランドの「アンリミテッド」として発売されて話題となった。唇に塗っても色合いが変わらないことが評判になったのだ。両者の協業はその後も続き、2009年には、ランコム・ブランドのファンデーション「フォトジェニック」も発売。この商品には、戸田工業の青色色素が使われている。

売上げ3・3兆円（戸田工業の100倍）、社員数8万人を誇る世界最大の化粧品メーカーの製品に、日本の地方都市にある中堅企業の技術が使われている。保有する技術を価値につなげる、まさしく技術提供型のオープン・イノベーションの成功例である。

なぜオープン・イノベーションは広がっているのか

先述のような成功事例が紹介されるたびに、オープン・イノベーションに関する関心が高まり、挑戦する企業が増え、さらに成功事例ができるという循環ができつつある。

そうした成功事例が生まれる背景には、オープン・イノベーションの流れを後押しする、人・モノ・金の流れの変化がある。ここでは、この考え方が広まった3つの背景を解説する。

COLUMN

ユニリーバのデオドラントスプレー

ユニリーバのデオドラントスプレー AXE は、日本でも人気があり、薬局やコンビニで販売されている人気商品である。あるとき、ユニリーバの市場調査で10代の少年のポケットのなかを調べたところ、高い確率でリップクリームスティックが入っていることがわかった。さらにその理由が、女性に会う前の身だしなみとしてリップクリームを塗ることであることも判明した。

そこでユニリーバは、AXE をリップクリームスティックサイズにできれば、それに置き換わることができるのではないかと考え、AXE の小型化を考えた。しかし、小型化するとデオドラントを噴霧することが容易ではなく、開発に行き詰まってしまう。そこで、社外に「小型の噴霧技術」を求めたのだった。

結果として、インクジェットプリンターに使われる技術を採用し、リップクリームスティックサイズの AXE が実現したのである。

出典：Hague, Jonathan. May 20, 2011. *NineSigma's Open Innovation (OI) Leadership Summit.* のプレゼンテーションを参照。

1 知識労働者の増加と分散

知識労働が拡大するとともに研究者の数も増え続け、現在では、いわゆる研究開発に携わる人材（研究者・技術者）が世界で800万人いると言われているが、単純に数が増加傾向にあるというだけではなく、レベルの底上げというものが起こっている。

インターネットの発達により、世界中どこにいても論文や特許、研究発表など、最新の情報が瞬時に入手できる。また、メールだけでなく電話やビデオ会議も含め、研究者同士のコミュニケーションの取りやすさが格段に向上しているうえ、コミュニケーションにかかる費用はほとんど無視できるレベルになった。アメリカをはじめとする先進国で修業を積んだ研究者が祖国に帰って研究を継続するなど、人材の流動性の高まりにより、世界規模で研究者のレベルが向上し、知の分散が起こっているのである。実際、中国の山岳部にある地方大学、ウクライナの国立研究所、アルゼンチンの国立大学、ラトビアの研究所などが、優れた技術で日本企業と協業を開始するという事例も出ている。

また、2011年にスペースシャトルが引退したことで、NASAの研究者8000人が職を失い市場に出てきたように、組織・企業の戦略変更や部門閉鎖などにともない、優れた研究者が市場に出てくるケースも少なくない。彼らが、みずから保有する知見を活用して起業することも多い。

つまり、研究者の数が増加するとともに、世界中に分散する傾向にあるので、最適な技術を探すには、世界中を広くカバーしなければいけないことになった。これまでのような、近所の大学やサプライヤーとのお付き合いなどの限られた範囲だけで、すべてを解決する時代ではなくなってきているのである。

2 社外組織の技術力向上

大企業の研究者のなかには、本当に優れた技術を持つ組織が外部にあるのか、という疑問を持つ方もいるかもしれない。ここでは、社外組織、とくに中小企業やベンチャー企業が優れた技術を持ち始めている状況について説明する。

図1-3は、アメリカ一国で使われる研究開発費が、どの規模の企業によって使われているのかを示している。1981年時点では、研究開発費総額のうち、従業員が1000人以下の中小企業が占める割合はわずかに4%であったが、2007年には25%まで増えている。一方で、従業員2万5000人以上の大企業が使う研究開発費の割合は、同期間に70%から35%まで減少している。ここから、より優先的に中小企業に資金が回っている構図がわかる。

この背景には何があるのだろうか。

90年代から、シリコンバレーを中心として起業ブームが起こり、西海岸を中心に有望なベンチャー企業が次々と設立された。大学や大手メーカーから優れた技術を持ってスピンアウトするようなケースがよい例であるが、それらはここで言う中小企業に含まれる。ベンチャーキャピタ

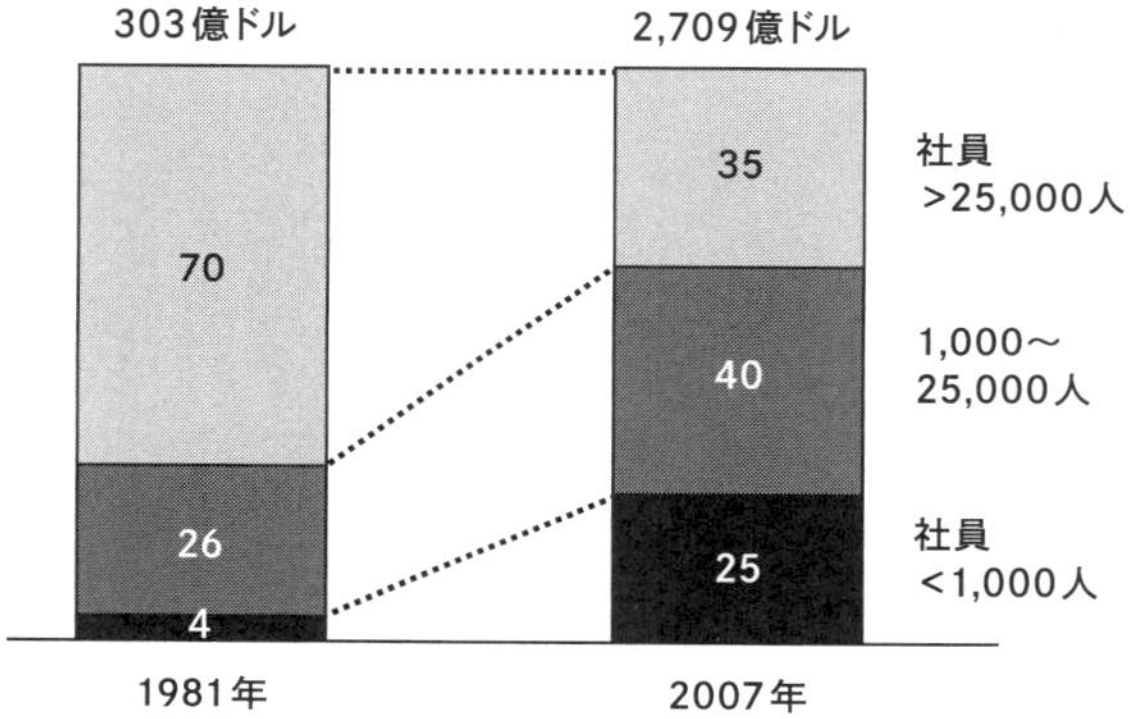

出典：Sloane, Paul., ed. 2011. *A Guide to Open Innovation and Crowdsourcing: Advice From Leading Experts*, Kogan Page.

図1-3　アメリカの企業規模別研究開発費の割合（%）

ルなどの登場とともに、優れた技術を持つ企業に投資マネーが回るようになり、さらなる技術の磨き込みが行われ、ますますお金が回るようになるという循環が生まれている。アメリカだけでなく、ヨーロッパでも同じような傾向が見られ、優れた技術に投資マネーが回り、さらに技術が磨かれるという構図が世界中で広がり始めているのである。

彼らは、大手メーカーに対する技術提供に前向きであることが多く（むしろ、それを目標とする企業も多い）、大手メーカーとしては組みやすい相手となる。つまり、高い技術を保有し、大手企業との連携を希望する中小企業が急増しており、それがオープン・イノベーションの広がりを後押しする1つの動きとなっているのである。

3 仲介業の設立

オープン・イノベーションが広がるもう1つの理由として、このような企業活動を支援する「技術仲介業」が設立されたことが挙げられる。２０００年以降、北米をはじめ、世界中で技術仲介業が設立され、それぞれ独自の業務を開始した。

それまでは、技術に精通したコンサルタントや企業のＯＢ・ＯＧが細々と行っていた技術の仲介を、組織的に行う企業が相次いで設立されている。エリア特化型、業界特化型もあれば、グローバルかつ業界横断的に仲介する企業もある。また、囲い込んだネットワークのなかでクラウドソーシング的に技術や情報をやり取りする企業もあれば、ヘッドハンターのごとく有望な技術を追い求めてスカウトする企業もあり、その仕組みは多様だ。

手法の差はあるものの、いずれも「技術を求める企業」と「技術を持つ企業」をつなぐ機能として業務を展開しており、結果として技術の流通を加速している。リクルートのような人材紹介会社が設立されて人材の流動性が高まり、その結果また新しい人材紹介会社が設立されるという循環と似た現象が、２０００年以降、技術の世界で起こっているのである。

日本は世界に名だたるモノづくり大国であり、国内だけ見ても優れた技術は多く、海外に目を向けるまでもないという考え方もあるかもしれない。しかし、世界は広いということも事実であり、国際的な日本のモノづくりの存在感を考えると、もはや日本だけで完結する時代ではないと

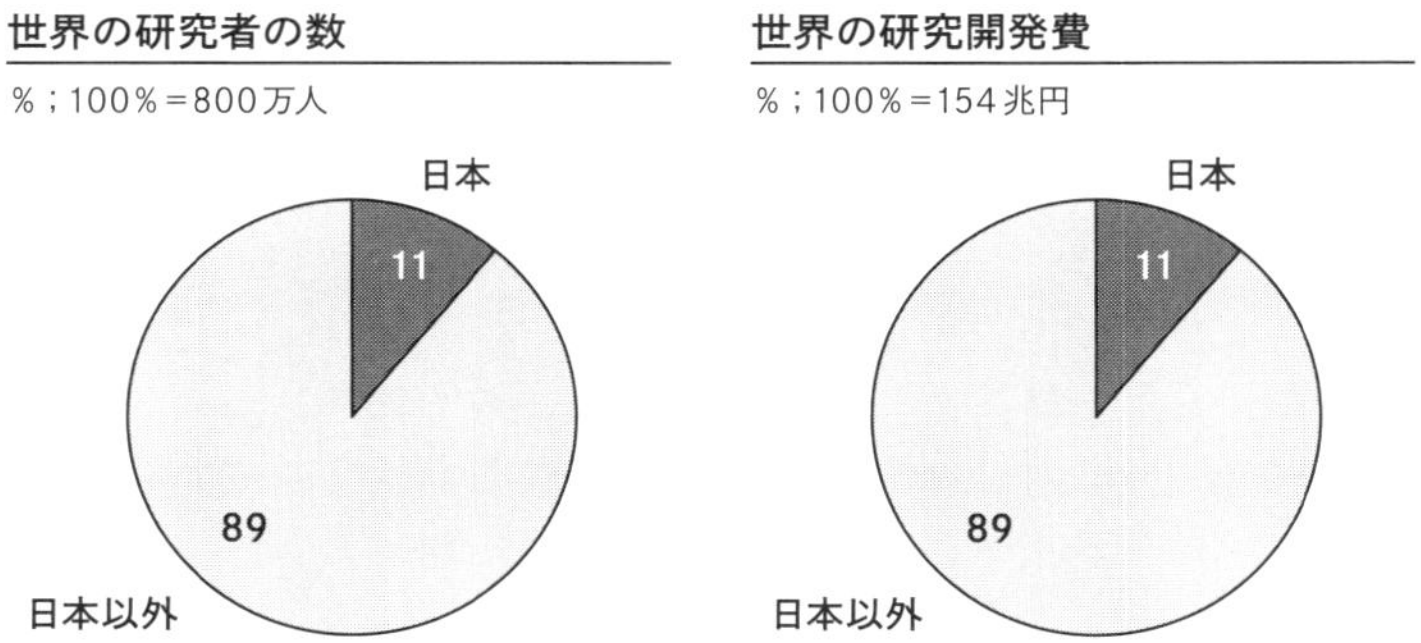
世界の研究者の数
%；100%＝800万人
日本
11
89
日本以外
世界の研究開発費
%；100%＝154兆円
日本
11
89
日本以外

出典：IMF、経済産業省

図1-4 世界のモノづくりにおける日本の存在感

いうことも言えるのではないか。

図1-4は、日本のモノづくりの世界的な存在感を示しているが、世の中に800万人いると言われる研究開発人材のなかで、日本におけるその数は86万人。たかだか11%にすぎない。また、日本の研究開発費は年間17~18兆円程度と言われるが、これも世界の研究開発費総額（約154兆円）の11%にすぎない。

グローバルなモノづくりの世界において、日本の存在はごく一部であり、優れた技術が日本以外にあるという可能性は決して否定できない。かつて日本のモノづくりが世界をリードしていた時代もあるし、実際、大企業から中小・ベンチャー企業、大学に至るまで優れた技術を持つことは間違いないが、それでも世界は広く、本当に優れた技術が海外にある可能性は高いのだ。それをうまく活用することで、イノベーションが加速するのである。

オープン・イノベーションの誤解をひも解く

こうしてオープン・イノベーションという言葉が広まったことで、いくつかの誤解が生まれている。「オープン」と「イノベーション」という言葉を組み合わせただけのあいまいな言葉であるがゆえ、解釈次第で多様な意味にとることができるからだ。オープン・イノベーションはこれまでの活動と何が違うのか、技術漏えいリスクはないのか、コストがかかるのではないか、とさまざまな疑問や危惧を招く結果となっているのである。そのためここでは、よく耳にする質問に答えていく。

近隣大学とのお付き合いやグループ内連携とは違う

日本では、各地の大学が地域の企業のブレイン的な役割を担い、研究開発を支援する構図が昔からできている。大学にとっても、企業から金銭的な支援を受けながら研究を行うことができるため、双方にとってメリットが大きく、長らく「いつもお世話になっている大学に相談する」という産学連携が定着していた。また、トヨタグループに代表されるように、日本にはさまざまな企業グループが存在し、いわゆるグループ内連携という形も広く浸透している。これら「近くの大学とのお付き合い」や「グループ内連携」とオープン・イノベーションの違いはどこにあるのだろうか。

最大の違いは、想定内の範囲でよしとするか、可能な限り最高の技術を求めるかの違いにある。「付き合いのある大学」や「常日頃連携しているグループ内企業」は、すでに手の内をわかっている組織であり、社外とはいえ、その技術力は自社の研究開発のリソースとして織り込み済みである。つまり、日頃からお付き合いのある大学やグループ企業との連携では、想定できる技術力のなかでしか発想は膨らまない。すなわち、クローズドなイノベーションとなる。

一方、オープン・イノベーションは、既存のネットワークを超えて、これまで付き合ったことのない組織・企業との協業となる。そのため少なくとも、知り合いの大学やグループ内企業が保有する「既知の技術」以上の技術が期待できるはずである。そのように、少しでもよい技術を求める行為こそオープン・イノベーションである。

フィリップスは、自社のオープン・イノベーションを定義する際に、あえて「これまで付き合ったことのない組織の技術を取り込む」と表現している。「二番目の技術をつかむことはリスク」という言葉もあるが、モノづくりの世界においては、いつでも逆転される可能性があるため、できる限り高みを目指す意識は重要である。

アウトソーシングではなくインソーシング

オープン・イノベーションと聞いて、「アウトソーシング」をイメージする方も多い。その結果、空洞化や技術情報の流出などを想像し、アレルギー反応を起こすのである。しかし、それは大きな誤解である。オープン・イノベーションは「インソーシング」であり、技術の強化なのである。

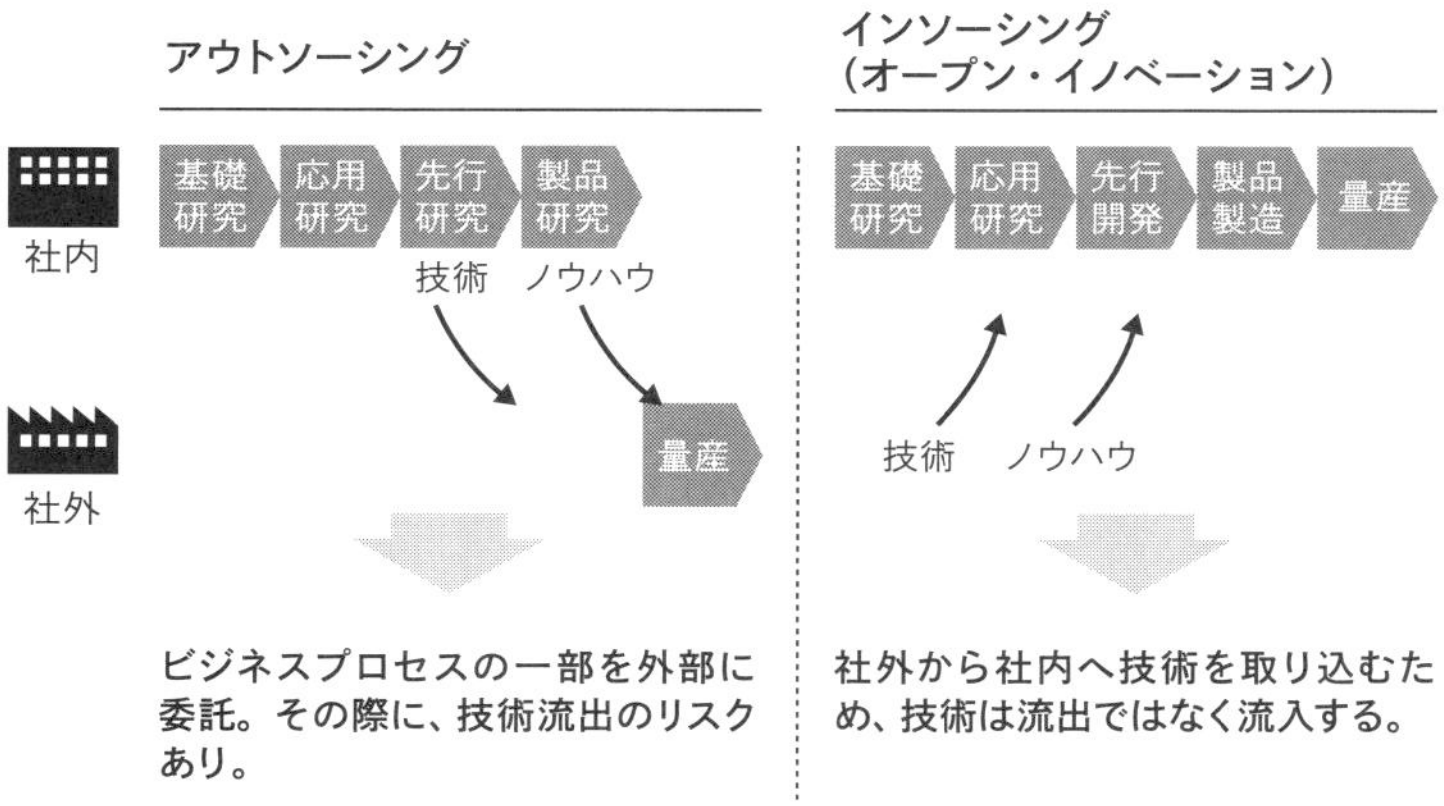
アウトソーシング
社内
基礎研究
応用研究
先行研究
製品研究
技術
ノウハウ
社外
量産
ビジネスプロセスの一部を外部に委託。その際に、技術流出のリスクあり。
インソーシング
（オープン・イノベーション）
基礎研究
応用研究
先行開発
製品製造
量産
技術
ノウハウ
社外から社内へ技術を取り込むため、技術は流出ではなく流入する。

出典：筆者作成

図 1-5 アウトソーシングとインソーシングの違い

アウトソーシングとは、コスト削減などを目的として、本来社内に保有していた機能、たとえば生産設備などを、社外組織や第三国に委託することである。その際には、委託先に十分な技術力がないので、技術指導をともなうこととなる。そこで技術やノウハウの流出が起こるし、社内から社外へ移した機能・設備の分だけ空洞化が進むのだ。

一方で、社外技術の探索は、社外の優れた技術を自社内に取り込むことであり、アウトソースとは真逆にある。図1-5の通り、技術やノウハウの流れは「外から中」であり、技術の流出を気にするのはむしろ技術を提供する側である。さらには、単に技術を買うだけでは使えないので、必ず何らかの追加開発が必要となる。そのため、最終的には自社に特化したオンリーワンの技術が確立されることとなるのである。それゆえ、技術探索型のオープン・イノベーションをアウトソーシングと逆のインソーシングと呼ぶことも多い。

コストは増えるが投資効率は高まる

「オープン・イノベーションにはお金がかかる」という声もよく聞く。実際、新しいことを始めるわけであるから、活動開始に際してはたしかにコスト増であることは間違いない。一方で、この仕組みが戦略として組織的にうまく回り始めると、実は、研究開発の費用対効果を高める手段になるのである。

売上げ約8兆円のP&Gは、年間20億ドル（約2000億円）という巨額の研究開発費を使い、研究開発部門には9000人規模の研究者を擁し、世界トップレベルの研究開発を行っている。しかし、それでもオープン・イノベーションによって社外技術を世界中から集めるのはなぜだろうか。

それは、研究開発において、「スピード」を最重要視しているためである。P&Gでオープン・イノベーションを推進するラーダー・キリシャナン・ナーヤ氏は、「外部技術を使ってでも、いち早く商品を市場に送り出すことが重要である。コネクト・アンド・ディベロップ戦略によって、これまで3、4年かかっていた商品化が2年でできるようになった」と発表している。(注10)商品化が早まることで、当初予定していた売上げ計上のタイミングも早まることとなり、競合との差別化やキャッシュフローの点で有利になるだけでなく、リソースを次の開発に向けることができるため、そのインパクトは絶大である。P&Gは、100件のオープン・イノベーション・

(注10) PRESIDENT、2011年6月13日、「毎年5％成長！ P&G『世界的ヒット』連発のカギ」、http://www.president.co.jp/pre/backnumber/2011/20110613/19268/19273/. などを参照。

プログラムを実施後、その成果を精査し、一から自前で開発した場合と比較して半分のコストで済んだと対外的に発表しているのである。

また、研究開発の成功率が低下したことも、オープン・イノベーションを積極的に進める理由の1つである。昨今の研究開発は、かつてに比べると取りうる選択肢が増えている。そのため、すべての技術を自社で賄っていてはきりがない。なかでも、コアではない周辺技術に関してあえてリスクを取って自社で開発するよりは、リスクマネーを投資してデスバレー（死の谷）を越えた技術を選び出して採用するほうが、結果的に費用対効果が高くなるのだ。

P&Gの成果を現す数字がある。それは、売上高に占める研究開発費の割合の低下だ。研究開発費は年間20億ドルで横ばいにもかかわらず、売上げは毎年5、6%ずつ増えているのである。つまり、研究開発費は増やしていないのに、売上げは毎年4000億円ずつ伸びているという計算だ。

日本人はオープン・イノベーションが得意

1970年代、80年代に日本企業が世に送り出した製品には、実はオープン・イノベーションに似た発想でつくられたものも少なくなかった。ソニーのウォークマンは、ソニーがアイデアをつくり、実現のために、ありものの技術を社外から持ってきて実現したという。アイデアで勝負し、足りない技術は外から持ってくる発想だ。だが、80年代に成功が続き、多大な開発投資を続けながら自分たちの技術をたくさん持ち始めた日本企業は、その後、それをどう使ってモノづくりをするかという考えに変わってしまう。

一方、そのやり方を忠実に再現したのが、アメリカのアップルだ。iPodもiPhoneも、技術的に「日本の電機メーカーができない技術は1つもなかった」と言われている。アップルはコンセプト主導の企業であり、自社内に技術はほとんど保有していない。技術を持っていると、自社技術にこだわってしまい、そのなかから何をつくるかという発想に陥ってしまうためだ。アップルは、発想にブレーキがかかることを最も恐れているのである。

初期のiPodでは、本体の鏡面加工にこだわり、新潟の「磨き屋シンジケート」の技術が採用されたことはよく知られた事実である。CMOSイメージセンサーに至っては、競合のソニーから導入してしまうなど、まさにやりたいことを先に考え、それを実現するための技術を世界中から探し出すという発想でモノづくりを進めている。つまり、社外技術を自由に使うことができるようになることで、「自社になければ社外の技術を使えばよい」という自由な発想が可能となり、自社の技術力に制約されないクリエイティブな商品開発ができるようになるのである。

私が、日本企業こそ、オープン・イノベーションで研究開発を効率化すべきと言い続ける理由はここにもある。以前のような、日本人が得意とするクリエイティブな発想でモノづくりを行うカルチャーをいま一度復活させることで、モノづくり力の強化が可能になると考えているのだ。「企業内部と外部のアイデアを有機的に結合させ、価値を創造すること」というオープン・イノベーションの定義において、「企業」を「国」と置き換えてみるとどう見えるだろうか。「国の内部と外部のアイデアを融合させ、価値を創造する」、つまり、外国の文化や技術を取り入れて、自分たちのものと組み合わせることで価値を創造するというのは、大昔から日本人が得意とするところである。

たとえば、奈良時代に設立された仏寺の多くは、隋や唐という現在の中国の影響を大きく受けていたが、その後、そこに日本の独自性が加わることで、平安時代の建築様式（たとえば寝殿造）が生まれた。奈良時代の重厚で力強い建築と比較して、上品さと繊細さが特徴であり、形のやさしさと柔らかさに特別の価値が置かれるようになった。つまり、外国から取り入れた様式に日本の独自性を融合させて新しいスタイルをつくり上げた、まさにオープン・イノベーションなのである。

16世紀に種子島に伝来した鉄砲も、オープン・イノベーションの一例だろう。たまたま漂着した南蛮船のポルトガル人から購入した2丁の鉄砲を、刀鍛冶に命じて分解・検証することで（現在の言葉ではリバースエンジニアという）完璧に再現させたものが、そのルーツである。さらにその後、最大の欠点である装填時間の長さを克服するためにカートリッジ式にするなどの独自の工夫を加えて、実戦に耐えうるようにしたのである。

鉄砲の威力にいち早く目を付けた織田信長は、大量の鉄砲を入手し、長篠の合戦では見事に武田騎馬軍団を撃滅するわけであるが、織田信長は鉄砲を発明していない。外国で発明された鉄砲を、いち早く実践に取り入れただけである。まさに、オープン・イノベーション的な発想で、敵よりも早く国外の技術を取り入れ、成果に結び付けた例である。

現代でも、トヨタ自動車のカンバン方式は、元をたどればアメリカのスーパーマーケットの考え方である。また、ソニーの前身である東京通信工業がトランジスタラジオで成功した背景には、ウェスタン・エレクトリックの工場から学んだ技術が貢献していると言われている。

さらに、オープン・イノベーションの考え方はモノづくりにとどまらない。明治維新の際、早急に国家を形成する必要性に迫られた日本政府は、警察はフランス、軍隊はドイツ、政治はイギリスといったように、国家を形成する重要な要素を各国から「いいとこ取り」をすることでそれを成し遂げた。自分たちで一から考えるよりも、外にあるものをスピーディーに取り込み、独自に進化させてオリジナルをしのぐものにするやり方は、まさにオープン・イノベーションに通じる考え方である。

これらの例からも、本気で効率改善やスピードアップを考える際にオープン・イノベーションが有効な手段となることは、時代を問わず変わらないということがわかる。そして、日本人にとっては、外部の知見を活用することはむしろ得意とするところであることもわかるだろう。

以上、本章ではオープン・イノベーションの概要について説明した。オープン・イノベーションという言葉が広まるとともに、さまざまな意味でとらえられ、各所で混乱をきたしていることを感じていたが、モノづくりの世界でいうオープン・イノベーションがどのようなものなのか、ご理解いただけたと思う。

次章から第5章では、技術探索型と技術提供型に分けて、その進め方と実例を紹介することで、より深くその内容をご理解いただけるよう心がけている。大企業を中心とし、技術探索型オープン・イノベーションに興味のある方は第2章と第3章を、大学や中小・ベンチャー企業、あるいは材料メーカーなど技術提供型オープン・イノベーションに興味がある方は、第4章と第5章を中心にお読みいただければ、さらに理解が深まると考えている。

第2章

埋もれた技術を探し出す

技術探索型オープン・イノベーションの4つのステップ

オープン・イノベーションには2つの形がある。1つが自社にない技術を探し出して導入する技術探索型（インバウンド型）オープン・イノベーション、そしてもう1つが、自社の保有する技術を価値に変える技術提供型（アウトバウンド型）オープン・イノベーションである。

本章では、技術探索型オープン・イノベーションを実践する際の、具体的な進め方について解説する。これからオープン・イノベーションを始めようと考えている企業、あるいはすでに始めているが思うように進まず停滞している企業に、いわばマニュアルのような形でご利用いただくことを想定して執筆したものである。そのため、やや実務にフォーカスした解説が多く、プロセスよりも企業の取り組み事例に興味がある方は、本章は読み飛ばして第3章に進んでいただいてもよい。また、対極にある技術提供型オープン・イノベーションにご興味がある方は、第4章に進んでいただきたい。

これから紹介する内容は、国内外のカンファレンスでの発表やインタビュー、これまでの筆者の経験から帰納法的に導き出された方法論であり、あくまでも、執筆時において経験的に最適だと思われる進め方をまとめたものである。当然、まだ発展途上であり、必ずしもこれだけやればよい、あるいはこれをやらなければいけないというものではない。

一方で、このようなプロセスを愚直に進め、あるいは独自に工夫して結果を出している組織があることも事実である。必ずしもステップ1から始める必要はなく、各社の状況に応じて、適宜

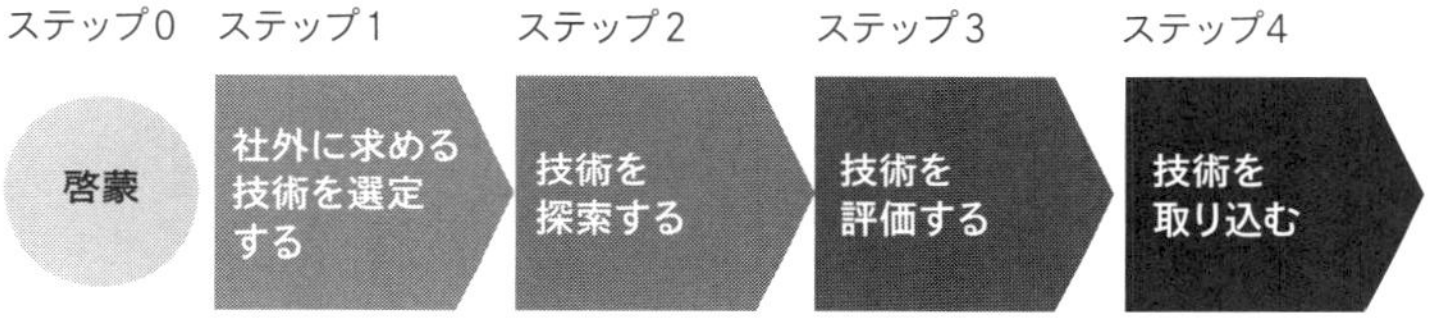
ステップ0
啓蒙
ステップ1
社外に求める技術を選定する
ステップ2
技術を探索する
ステップ3
技術を評価する
ステップ4
技術を取り込む

出典：筆者作成

図 2-1 技術探索型オープン・イノベーションの4つのステップ

必要な部分を参考にしていただきたい。

技術探索型オープン・イノベーションのプロセスは、1～4の4つのステップに分けることができる。なお、このフレームワークはグローバルに認識されたステップであり、(注1) 1 Want、2Find、3 Get、4 Manageと表現される。

ステップ1　社外に求める技術の選定（Want）
ステップ2　技術の探索（Find）
ステップ3　技術の評価（Get）
ステップ4　技術の取り込み（Manage）

4つのステップに関して解説する前に、社内の啓蒙活動の必要性を説明しておきたい。

前章でも述べた通り、オープン・イノベーションという言葉が広く使われるようになるとともに、さまざまな意味にとらえられ、人によって定義が異なることが少なくない。オープン・イノベーションが研究開発部門のリストラの一環だと誤解されていると、社内の拒絶反応が起こるかもしれない。いわゆる産

（注1）Slowinski, Gene., and Sagal, Matthew W. 2003. *The Strongest Link: Forging a Profitable and Enduring Corporate Alliance.* Amacom Books. を参照。

学連携やグループ内連携と混同されると、「すでにやっているから必要ない」と思われてしまう。休眠特許の有効活用だと考えている企業は、まったく異なる期待値を持ちかねないだろう。

また現場の理解が不十分なまま始まると、実務を担当する現場の研究者のモチベーションが活動についていけなくなり、活動は停滞することになる。誤った考え方のまま活動を続けては、後でトラブルの原因にもなりかねない。実際、有望なパートナーを探し出したが受け皿がなくて活動がとん挫してしまう、あるいは、パートナーに対して誤った態度を取ったために先方から断られてしまう、などということが起こっているのだ。

そのため活動初期においては、関係者の理解を得るためにも、オープン・イノベーションの必要性、有効性を共有する啓蒙活動が大切な取り組みになる。オープン・イノベーションは必ず相手がいることを忘れてはいけない。独りよがりの考え方が受け入れらないことは世界共通であり、つまらないところで足をすくわれないためにも、事前に理解を高めておくことは重要である。

ステップ0　啓蒙活動の実施

まず、啓蒙活動の中心となるべきは誰か。

理想的には、社長、少なくとも研究開発のトップが中心となるべきだ。トップ・マネジメントが本気で研究開発の変革の必要性を唱えるのである。みずからの言葉で説明し、オープン・イノベーションに対する本気度を伝えることは、とくに活動初期においては重要である。トップの本気度が伝わることで、社員のモチベーションが一気に上がることも多い。事実、フィリップスやP&Gのような先行企業では、CEO（最高経営責任者）やCTO（最高技術責任者）が社内に対してメッセージを送り、活動を鼓舞している。日本でもトップがリードする企業は活動が円滑で動きも早い。たとえば味の素は、メディアを通して社長がオープン・イノベーションの重要性を説いている。これは、ほかならぬ社員へのメッセージであったが、社員の意識を変えるには抜群の効果があったという。また東レは、活動初期にトップ・マネジメントが各研究所を回りオープン・イノベーションの意義を説明することで、現場の意識変革に努めた。

啓蒙活動の際には、専門のコンサルタントにセミナーや講演を依頼するケースもある。最近は、オープン・イノベーションを支援するコンサルティング会社も多く、世の中の動向や他社の事例などを含めながら、わかりやすく説明してくれる。成功事例だけでなく、失敗事例や実施の際の注意事項なども解説してくれるため、効率よく全体を把握するには便利だ。国内外含め、同業他社の動きを具体例とともに説明してくれる点は、社員の意識を高めるには有効である。

次に、誰を対象に話をすべきなのだろうか。

トップ・マネジメント、ミドル・マネジメント、現場の担当者、できればすべてに当たることが理想的であるが、優先順位をつけるとすればミドル・マネジメントが最優先となる。危機感が強く、かつ現場の詳細を知るため、オープン・イノベーションの有効性を素早く理解すると同時に、比較的スムーズに活動に移れるためである。ミドル・マネジメントが実務担当者の肩を押して活動を開始し、トップ・マネジメントがその活動を後押しする、という進め方が理想形の一つと考える。

こうした啓蒙活動は継続が大切である。オープン・イノベーションがうまく進んでいる企業の例を見ても、社内の各部門への説明に多くの時間を割いているケースが多い。1回目は活動の意義やプロセスの説明、2回目はパイロット・プログラムの結果と改善の方向性の明示、3回目は改善した結果報告のように、活動が軌道に乗るまでは半年に1回程度、その後は1年に1回程度の頻度で、継続して社内に対するメッセージを投げ続けることが有効である。拠点ごとや部門ごとにそれを行うため、啓蒙活動をつかさどるチームは、それだけでもかなりの時間を取られることになる。大阪ガスでは、トップのお墨付きを得た推進チームが、研究を行う10部門すべてを回って説明したという。

研究者は、できれば自力で解決したいと思うのが通常であり、粘り強くコミュニケーションを取り続けないと、活動が途中でトーンダウンしてしまう。一方で、彼らは理論的でもあるため、一度その効果を実感できれば、オープン・イノベーションを仕組みとしてうまく使えるようになるのも早い。研究者の考え方が変わるまで、しばらくは我慢強い啓蒙活動が必要となる。

啓蒙活動の際にとくに注意すべき点は、オープン・イノベーションが研究開発を加速する仕組みであり、研究者の活動を支援するツールであると理解してもらうことである。

「オープン・イノベーションを始めよう」という声を聞いたとき、現場の研究者が最初に感じるのが、「自分たちのこれまでの取り組みが否定された」「自分たちは信用されていないのではないか」という否定感や疑念であることが多い。「自分たちだけでは不十分なのか」という意識が芽生えるとアレルギー反応につながる。あくまでも研究者をサポートする仕組みだということを、強調するのが大切である。

たとえばフィリップスでは、「オープン・イノベーションは、他社よりも早くゴールに近づくための〝仕組み〟であり、それを使いこなすのは研究者。失敗を恐れずにトライすべき」というメッセージをトップ・マネジメントから社内に投げかけている。昭和電工では、CTOのメッセージとして「商品化までの経過は問わない、結果が重要だ。商品化を早めるために社外技術の活用が有効だと思えば積極的に使ってほしい」と伝え、研究者の背中を押している。

繰り返しになるが、重要なポイントは、そのメッセージがトップ・マネジメントから発せられることである。オープン・イノベーションの効果を理解し、興味を持った研究者が「やってみたい」と思いつつも、みずから手を上げるのに躊躇することも多い。彼らの背中を押すためには、トップ・メッセージは有効である。社内説明会の冒頭の5分程度、CTOのビデオ・メッセージを流しただけで雰囲気ががらりと変わったケースもある。

最後に、ある日本の素材メーカーの啓蒙活動を紹介する。素材業界は、比較的、日本の技術力の高さを維持できているため、他の業界に比べるとまだ余裕があるように見える。しかし、「研究者のマインドは変わっていない」と危機感を覚えたこの企業は、手遅れにならないうちにオープン・イノベーションで研究開発を効率化することを考え、技術企画部に活動推進のミッションを与えた。推進チームのリーダーは、「会社の文化として、新しい取り組みに対する抵抗は大きい。まず成功事例をつくってから、事例とともに伝えるほうが効果的だ」と考えた。そこで、パイロットプログラムを1つの部門で行い、そこで得た成果を社長も出席する幹部会で報告。オープン・イノベーションの意義を伝えたうえで社長のお墨付きをもらい、他の研究所へ展開したのだった。

ちなみに、最初のトライアルで結果を出すことが重要と考えた推進リーダーは、モチベーションが高く、先進的な研究を手がけるチームを意図的に指命して、チャレンジさせている。社員のメンタリティを理解したうえでの巧みなコミュニケーション戦略が功を奏したのである。

新しい取り組みに対しては、総論賛成・各論反対ということが非常に多い。オープン・イノベーションもその1つであり、活動が軌道に乗るまでは粘り強い認知活動が必要だ。相応の工数やコストがかかる活動であるため、トップがコミットしないと、一過性の活動として息切れする。それを産みの苦しみだと考え、トップ・マネジメントが腹を決めて、腰を据えた啓蒙活動を意識していただきたい（トップが活動をリードする取り組みについては第3章で紹介する）。

啓蒙活動を終えたら、いよいよ実際のプロセスに移る。4つのステップを順に見ていこう。

ステップ1　社外に求める技術の選定（Want）

いざ活動を開始するとなったとき、オープン・イノベーション推進チームが真っ先に抱くのが、「いったい、どのような技術ニーズで取り組めばよいのか」という疑問である。社内のさまざまな技術ニーズのなかで、「どのような技術ニーズであれば、オープン・イノベーションと親和性が高いのか」と悩むのは当然だ。

ここでは、技術ニーズの選び方と、社外に求める技術の明確化についての考えをまとめている。「技術ニーズの棚卸しと優先順位づけ」「外部に求める技術の明確化」の2つのステップに分かれるため、それぞれ解説する。

技術ニーズの棚卸しと優先順位づけ

オープン・イノベーション活動を始める際には、社内の技術ニーズの棚卸しから始める企業が多い。これは決して必須ではなく、また必ずしもプロジェクト開始前に行う必要もないが、いずれかのタイミングでは行うこととなる。なお、棚卸しするまでもなく重要な技術ニーズがある場合は、それらを優先して実施すればよい。あくまでも全体感を整理してから活動を進めたい場合のプロセスとして理解いただきたい。

棚卸しにあたっては、全社的に重要な技術領域を特定し、その技術領域において棚卸しをすることが多い。たとえば、東レの場合はバイオ領域でのスキル導入を優先領域としているし、サントリーの場合は飲料に使う材料よりはパッケージング技術を優先するなど、各社の考え方がそこに現れる。

棚卸しの方法には、トップダウンとボトムアップの2つのアプローチがある。

トップダウンの技術ニーズは、文字通り、トップ・マネジメントが注目している戦略的な重要性が高いものである。社内の研究開発戦略に出てくるような、インパクトの大きなテーマであることが多い。一方、ボトムアップのアプローチはこの反対であり、現場の研究者が抱える課題の整理である。現場レベルの課題のため、具体性が高く、短期的な技術ニーズが多いが、数が多い分、玉石混淆《こんこう》でもある。ボトムアップのアプローチでは、結果として社内の研究開発のなかで滞っている部分が可視化できるため、これを整理するだけでも気づきが得られる場合は多い。

それでは、トップダウンとボトムアップ、どちらで集めた技術ニーズでオープン・イノベーションを実施することが望ましいのであろうか。私は、活動が軌道に乗るまでは、トップダウンで選ばれたテーマを優先すべきだと考えている。各企業が過去に実施したオープン・イノベーションのプログラムの結果を独自にヒアリング調査したところ、成功を最も大きく左右する要因は、とくに初期の段階においては、担当者のスキルやモチベーション、運営体制以上に、「社内的に重要な技術ニーズ」かどうか、という点にあることがわかったのである。

社内的な重要性が高い技術ニーズといえば、将来の戦略を左右する、インパクトの大きなものであることが多く、当然、トップ・マネジメントの関心も高い。そのためモチベーションの高い担当者が配置されていて、多少の苦労はものともせずに前に進む。関連部門のサポートも得やすいうえ、協業のための予算も確保されており、有望な社外技術が特定された際に、そこから成果を導きやすいのである。つまり、成功に結び付きやすいのだ。たとえば日東電工では、オープン・イノベーションで解決を試みる技術課題を、ＣＴＯがみずから指定して実施することで、活動の推進力を得ることに成功している。

逆に、重要性がそれほど高くない技術ニーズで実施すると、活動の推進力が得られず、途中で勢いを失い、自然消滅する恐れもある。とくに成果が優先される活動初期においては、社内的に重要性の高いテーマで活動を始めることは大切だ。もちろん、ボトムアップのテーマのなかにも適性の高いテーマはあるが、確率論的にはトップダウンのテーマのほうが成果に結び付きやすく、トライアルではそれを優先することをお勧めしている。

技術探索の3つのフェーズ

「どのステージの技術ニーズがオープン・イノベーションには適切か」ということも、とくに活動初期で多くの企業が抱く疑問の1つである。研究開発と一言で言っても、基礎的な技術確立を行う「研究」と、製品化に向けてつくり込みを行う「開発」では、考え方やスピード感がまったく異なる。モノづくり企業の場合、最後は製品を工場で製造する「量産」というプロセスが必ず必要だが、これも研究や開発とは大きく異なるものだ。どのステージの技術ニーズでオープン・イノベーションを実践すればよいのか、と頭を悩ませるのも当然と言える。

私は常々、「いずれのステージでも、オープン・イノベーションは威力を発揮する」と考えている。ステージごとに技術ニーズのタイプは異なるが、社外技術の活用の余地は十分にあるからだ。

以下、研究、開発、量産のそれぞれのフェーズに則り、特徴を記していく。

① 研究フェーズの技術探索

オープン・イノベーションを始める際に、研究部門（基礎研究、応用研究）を中心に活動を開始する企業が多い。たしかに、時間的な余裕がある研究フェーズでは、さまざまな技術を検討する余地があるので、比較的、間口が広い技術探索が可能になる。間口が広い技術探索とは、求める技術要件をそれほど限定しないまま広く技術を集めておき、集めた結果を見ながら今後の進め方を検討する、というスタイルである。

たとえば、研究フェーズにおける技術探索のニーズを以下に紹介する。

例1　新規ビジネスの加速：次世代型太陽電池の共同研究パートナー探索
例2　将来技術の早期取り込み：革新的な蓄熱材料の開発パートナー探索
例3　他のアプローチで保険をかける：人工光合成で大気中の二酸化炭素から燃料をつくる技術探索

例1は、自動車メーカーの事例である。新規ビジネスとして太陽電池の開発を進める場合、ゼロから始めては他社に追いつけない。そのため、すでに太陽電池に関する優れた研究を行っている大学やベンチャー企業をパートナーに選び、共同研究で一気に技術の確立を目指すケースである。太陽電池といってもさまざまな方式があるが、一般的な方式（結晶系、薄膜シリコン系）ではなく、将来期待されている次世代型方式（量子ドット型、多接合型、InGaN型など）に限定してパートナーを集めた。その結果、次世代型太陽電池の各方式に対していくつもの組織から多様な提案が届き、そのなかから最もポテンシャルの高い組織を選ぶことができる。

例2も同様に、将来的に必要となる技術について、早い段階で手を打つケースである。自動車の電気化やハイブリッド化にともない、熱が希少資源となりつつあるなか、限られた熱を有効活用するために蓄熱技術を求めた。この企業は、熱マネジメント技術に対して最先端の研究を行う組織をいち早く特定し、共同開発により、他社と差別化する技術を確立することを目指している。あえて、既存技術の延長では実現できないストレッチしたスペック（蓄熱密度1MJ/kg など）を目標とすることで、革新的な技術に協働でチャレンジする組織を求めている。

例3の場合は、保険をかけるケースである。人工光合成で大気中の二酸化炭素から燃料を製造するという、壮大なテーマに挑戦するメーカーの事例だ。自社が研究を進めている技術の難易度が高い場合、予定期間内ではしかるべきパフォーマンスを達成できない可能性がある。そこで予定通り進まなかった場合の保険として、異なるアプローチで研究を進める組織とのコネクションをつくっておくことを目的に実施している。

いずれのケースも、大学や研究機関を対象に、協働で長期的な技術確立を目指しており、技術探索というより協業パートナー探索の色合いが強い。自社で研究している特定の技術に関して、先を行く組織を探し出し、その技術を自社内に取り込むことでスピードアップを狙うのである。これは相手にとっても、大企業から金銭的あるいは人的支援を受けながら研究を加速できるので、互いにメリットのある協業が確立しやすい。

ただし、ここで注意しなければいけないのは、パートナーを探し出した後の技術力の評価である。研究フェーズの技術探索では、長期的な共同研究提案が届くため、その組織が本当に高い技術を達成できるかどうかは、提案内容から推測するしかない。つまり、探し出した技術に関して伸びしろを踏まえて評価する必要があるため、技術の評価力が問われるという一面がある。

② 開発フェーズの技術探索

開発フェーズの場合、最終的な製品イメージが具体化しているので、研究フェーズのテーマとは異なり、求める技術も具体的になる。また、時間的余裕がないので完成度の高い技術を求める傾向が強まることも特徴だ。いわゆる「Missing piece」（足りない技術）を求める際は、どんな課題を解決すべきかが明確であり、わかりやすい探索プランの設計が可能となる。

たとえば、開発フェーズにおける技術探索のニーズは次の通りである。

例1　製品化直前のトラブルシューティング：家庭用プリンターに使える制振材・吸音材募集
例2　長寿命化：太陽電池用の封止剤募集
例3　既存品の改良：建設機械の車体表面に汚れが付きにくくする技術募集

例1は、プリンターメーカーのケースである。開発した家庭用プリンターを組み立ててみると騒音が予想以上に大きく、それを低減するために制振材や吸音材を求めた。すでに製品化が近く、設計変更が利かないという制約条件のなかで行った探索事例である。形状やコストに関する自由度は低いが、どのくらい騒音を低減できればよいのかゴールも明確なため、適応する材料が見つかれば採用も早い。制振・吸音は建材や乗り物など広く研究されているため、そこから自分たちの仕様にあう材料を求めたのである。

例2は、電機メーカーが、太陽電池の電解質を閉じ込める封止剤を求めたケースだ。この太陽電池には特殊な電解質が使用されており、通常の封止剤では劣化してしまうため、耐性の高いものを求めたのである。封止剤と聞くと狭い世界に思えるが、いわゆる接着剤の延長でもあることから接着剤メーカーに問いかけた公募でもあり、また樹脂を研究している樹脂メーカーからの提案にも期待している事例である。

例3は、建設機械の商品性を高めるために、汚れを付きにくくする技術を求めた。過酷な環境で作業をする建設機械は、泥汚れが付きやすく、付着した泥が作業効率を下げることが問題となっている。一方、表面処理により汚れを付きにくくする技術は、たとえば建造物、自動車、船舶、電車など異分野でも広く使われているため、異分野の技術を応用することを狙って、防汚技術を探した例である。

ここに挙げた例は、いずれもアプリケーションがはっきりしており、実現したい最終形が明確なことが特徴である。最終形が明確な分だけ求める技術要件が多く、ゾーンは狭いが、そこに球を放れれば確実にストライクが取れるため、白黒はっきりしたわかりやすい探索プランを設計できる。これが開発フェーズにおける技術ニーズの典型例である。

③ 量産化フェーズの技術探索

量産化フェーズになると、生産プロセス上の不具合を解決する、あるいは生産プロセスを低コスト化する技術が求められるようになる。コスト削減や時間短縮、歩留まり向上など、1つの改善がもたらすインパクトがあらかじめ計算できるため、課題の優先順位付けは比較的容易である。

量産化フェーズの技術ニーズの具体例としては、次のようなものがある。

例1　検査技術：薬剤を充填したビンの不良品検査技術募集
例2　省人化：組立工程の自動化（ロボット化）技術募集
例3　不具合の解決：鉄板の二枚取り防止技術募集
例4　低コスト化：有機化合物の反応経路を最適化するアイデア募集

量産化フェーズで多い技術ニーズとして、検査技術がある。製品が仕様通りできているかといった評価に始まり、異物の混入や不良品を特定する検査技術は、業界に関係なくさまざまな分野で研究されているため、異分野から優れた技術を導入して一気に解決できることが多い。業界の壁を越えて広く技術を探し出すオープン・イノベーションとの相性はよい。

例1に示した薬剤の充填不良を検査する技術は、食品業界や半導体業界で使われる検査技術が転用可能だ。製薬業界を離れて技術を探索することで、解決策を得ることが期待できる。実際、画像処理、X線、超音波などを使った多様な技術が異なる業界から提案されている。

例2にある省人化（ロボット化）も、量産化フェーズにおける典型的な技術ニーズの1つである。組立工場などの生産現場では至る所で機械化が進んでいるが、まだ機械化できずに人力に頼っている部分も多い。そうしたなか、これまでの技術では対応が難しかった領域でも機械化を進めるというテーマである。日進月歩で進化するロボット開発の世界では、医療用や軍事用などさまざまな分野で優れた研究がされており、要件にマッチした技術を求めることを狙っている。このようなテーマでは、結果として得られるインパクト（削減できる人件費など）があらかじめ計算できるため、探索にかける費用も捻出しやすいという特長がある。

また、量産化の段階で直面する生産現場の不具合などを解決したいという技術ニーズもある。例3のケースは、山積みになった鉄板を、上から1枚ずつ取り出してプレス機に送り出す工程において、工程のスピードを上げると2枚取りが発生して緊急停止するという問題の解決がテーマだ。非常にニッチな課題に見えるが、薄い鉄の板を1枚ずつはがすという作業は、プリンターの紙送り技術（上から確実に1枚ずつ取り出す）に通じるところがあり、実際、プリンターメーカーを引退した個人コンサルタントから優れた提案が届いている。

例4のケースも、生産コストに影響してくるため、重要性が高いテーマの1つである。たとえば、ある化合物を合成するプロセスで、少しの工夫やひらめきで大幅に合成コストが下がるような場合があり、数多くの有識者に問い合わせ、合成経路の改良に関してアイデアを求めるという公募が成立するのである。このときは、研究者が個人で持つ知見やアイデアに期待するため、対価として報奨金を準備することで、優れたアイデアを獲得することに成功している。

外部に求める技術の明確化

技術探索において、技術ニーズが絞り込まれたのちに必要なアクションは、社外に求める技術の明確化である。多くの場合、社内から出てくる技術ニーズは、複合技術の集合体であったり、あいまいなままであったりする。研究者は、課題にぶつかった際、何とか自分のスキルに落とし込もうと努力するが、それができないと思考が進まなくなることがある。そのため、解決策を社外に求めるとなったときに、何を求めればよいのかが十分に検討されていないことが多いのだ。

結果として、業界ごとの独自性が高く一般の研究者には理解できなくなるなど、そのまま社外に公開しても、読み手にこちらの意図が伝わらないことが多い。そのため、社外の一般の研究者（とくに異分野）にも理解できるように、課題を明確化する必要が出てくる。

ここは技術探索型オープン・イノベーションの一連のプロセスで、最も頭を使うべきところだ。求める技術の表現1つで、結果に大きな影響を与えるためである。

技術を明確化する3つのアプローチ

求める技術の明確化には、「アプローチの洗い出し」と「アプローチの深掘り」の2つがあり、両者を組み合わせることも多い。「アプローチの洗い出し」は、課題を細分化したうえで全体を俯瞰し、本当に求めるべき技術を見極める際に有効である。「アプローチの深掘り」は、ある課題に対して「そのためにはどうするか」ということを何度も問いかけて、本当に必要な技術を見極めるプロセスである。この洗い出しと深掘りを何度も繰り返しながら、社外に求める技術を明確にするのである。

以降、具体的な事例で紹介する。

①アプローチの洗い出し

いま、運転手の居眠りが原因で起こる交通事故を防ぐために、運転手の眠気検知技術を探したいというニーズがあるとする。もちろん、広く世の中に「運転手の眠気を検知する技術を求めます」とアピールすることも可能だが、それではいま把握できている眠気検知技術の域を出ることはない。同業他社とその周辺企業の技術しか対象にならず、イノベーションは生まれにくい。

ここで必要なのが、運転手の眠気を検知する技術にどのようなものがあるのかという、アプローチの「洗い出し」である（図2-2参照）。たとえば、運転手の眠気の兆候は、①目の動き、②脳波の変化、③脈拍の変化、これら3つに現れると言われている。つまり、3つの信号のいずれかを正確に測定できれば、「運転者の眠気を検知する」という目的を達成できるのである。

たとえば、目の動きをとらえることで眠気を検知するとしよう。そのためには昼夜問わず、また眼鏡の有無にかかわらず、運転者の目の動きを正確にとらえられる高性能なカメラと、画像処理技術が必要になる。そのような技術はどこにあるだろうか。高感度カメラであればセキュリティ用の認証カメラや、軍事用のモニタリングカメラなどでも使われるし、人間の表情を読み取る技術であれば、マーケティングやロボットのセンシング技術など異分野でも使われている。そ

	アプローチの広がり	期待できる技術	期待できる分野
運転手の眠気検知技術	目の動きをとらえる	高性能カメラ、画像処理技術	セキュリティ、マーケティング
	脳波の変化をとらえる	脳波計（EEG）、脳磁図（MEG）	教育、スポーツ、医療、軍事
	皮膚電位から脈拍をとらえる	容量センサー、電圧センサー	医療、医療機器

出典：筆者作成

図 2-2　運転手の眠気検知技術におけるアプローチの洗い出し例

のため、それらの分野、つまり自動車業界から見たときの異分野に解決策を求めることが可能になる。

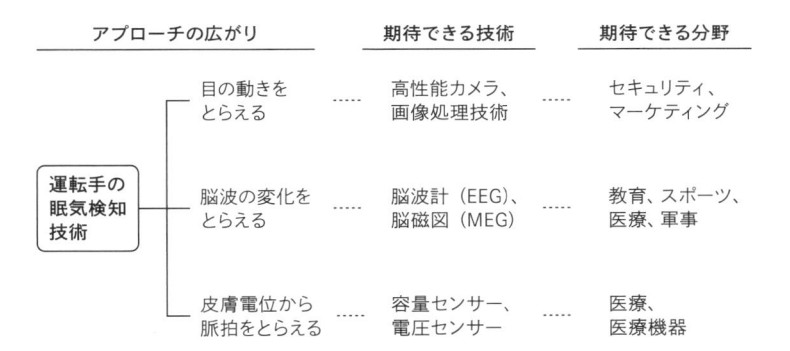

脳波の変化で眠気をとらえる場合はどうだろうか。脳波測定は、医療や教育、スポーツ、軍事と、多様な用途で研究されているため、異分野の高度な技術を応用できる可能性はある。脳しんとうを起こしたスポーツ選手や、頭部を負傷した兵士の脳波を非接触で検査する技術などの研究は海外で盛んに行われているため、それらの技術に期待できるだろう。

脈拍に関しては、脈拍そのものを非接触で測定することが困難であるため、脈拍を代替する指標を測定することとなる。脈拍は微弱電流として皮膚表面に現れるため、皮膚電位を測定する技術、つまり微弱な電流を非接触で検知できる技術があればよい。皮膚の微弱電流を測定する技術は医療の世界で研究されており、その分野からのユニークな技術に期待できる。

このように運転手の眠気を検知する技術1つをとっても、さまざまな要素技術に分解することが可能である。要素技術に分解したうえで、最も有望な要素技術に特化して異分野を含めた広い領域から技術を求めることで、誰もなしえなかったイノベーションが可能になるのだ。

② アプローチの深掘り

トヨタ自動車のカイゼン活動のなかでは、「なぜ（Why）を5回自問自答することで、物事の因果関係や、その裏に潜む本当の原因を突き止めることができる」と言われている。それに似た発想であるが、技術課題に対して「そのためにどうするのか」（How）を何度も繰り返すことで、課題の原因が見えてくることがある。これが「アプローチの深掘り」である。

アプローチの深掘りを理解いただくために、過去にあったプロジェクトの例を紹介する。

あるビールメーカーが、「喉越しのよいビールをつくりたい」と考えていた。ビールのおいしさは喉越しにあると考えるこのメーカーは、自分たちが販売するビールの喉越しを改善することで、他社との差別化を図ろうとしていたのだ。

単純に行動すれば、「ビールの喉越しをよくする技術募集」として世界中に発信することになるが、そこで問題が生じる。そもそも、「喉越し」という言葉や感覚は日本人特有のものであり、日本人以外はそれほど気にかけていない。「喉越し」に当たる英単語もない。つまり、このまま募集をしても提案は期待できないのである。また、仮にこの募集の意図がわかる研究者がい

①喉越しのよいビールをつくりたい

そのためには

②そもそも「喉越しのよさ」とは何か、科学的に解明したい

そのためには

③ビールの物性値と、人間が喉で感じる感覚の相関を解明したい

そのためには

④人間がモノを飲み込んだ際に感じる喉の感覚を
定量的に評価できる技術が欲しい

そのためには

⑤喉の感覚と「おいしさ」を結び付ける手法が欲しい

出典：筆者作成

図 2-3 「喉越しのよいビールをつくりたい」という課題に対する深掘りの例

たとしても、それは同じ業界の研究者、あるいは競合他社の研究者の可能性が高く、そこから革新的な技術が提案されるとも思えない。こんなときに、「アプローチの深掘り」が威力を発揮する。具体的には、解決したいニーズに対して、「そのためにはどうするか」を繰り返し問いかけることだ。

喉越しのよいビールをつくるためにまず必要なことは、そもそも喉越しとはどういうものなのかを解明することである。モニターに飲んでもらい、「喉越しがよい」「喉越しが悪い」と判断してもらっても、人の感覚には個人差があり、科学的な裏付けは難しく汎用性がない。そのため、まずは喉越しがどのようなものなのかを、世界中で誰でもわかるような指標に落とす必要がある。

では、そのためにはどうすればよいのか。ビールの物性値（粘度、pH〔水素イオン指

数）、温度などの測定できる指標）は容易に定量化できるが、その物性値と人間の感覚を相関づける何かが必要になる。そこで、人間が喉で感じる「感覚」を科学的に評価する技術が必要となるのだ。その技術があれば、人間の感覚を客観的に評価できる。そのうえで、喉の感覚を評価した結果と人間が感じる「おいしさ」を関連づける技術があれば、課題解決に大きく前進することとなる。深掘りの結果、どのレベルで技術を求めるかは企業次第であるが、このケースでは図2-3の④「喉の感覚を定量的に評価する技術」にフォーカスして技術を探索した。

このように、「ビールの喉越しをよくする技術」が、「モノを飲み込んだ際の喉の反応を評価する技術」という課題に変換されるのである。これによってコンタクト先にも広がりが生まれ、異分野のユニークな技術提案が期待できるようになる。このケースでも実際に、嚥下《えんげ》障害（飲み込む機能の障害）を持つ患者用の食品を研究するアメリカの医療系ベンチャー企業や、筋肉の動きを精緻にモニターする技術を保有するヨーロッパの大学、喉の筋肉のかすかな動きを音声に変えて味方に伝える技術を研究する軍事系の研究所など、複数の機関から有望な提案が届いている。

このように、アプローチの深掘りによって課題解決のために本当に必要な技術を見極め、それを異分野から探し出して導入し、イノベーションにつなげることが可能になるのである。

③アプローチの洗い出しと深掘りを組み合わせる

実際の現場では、アプローチの洗い出しと深掘りを何度も繰り返しながら、課題を見極めるという作業が発生することが多い。その組み合わせについて事例を紹介する。

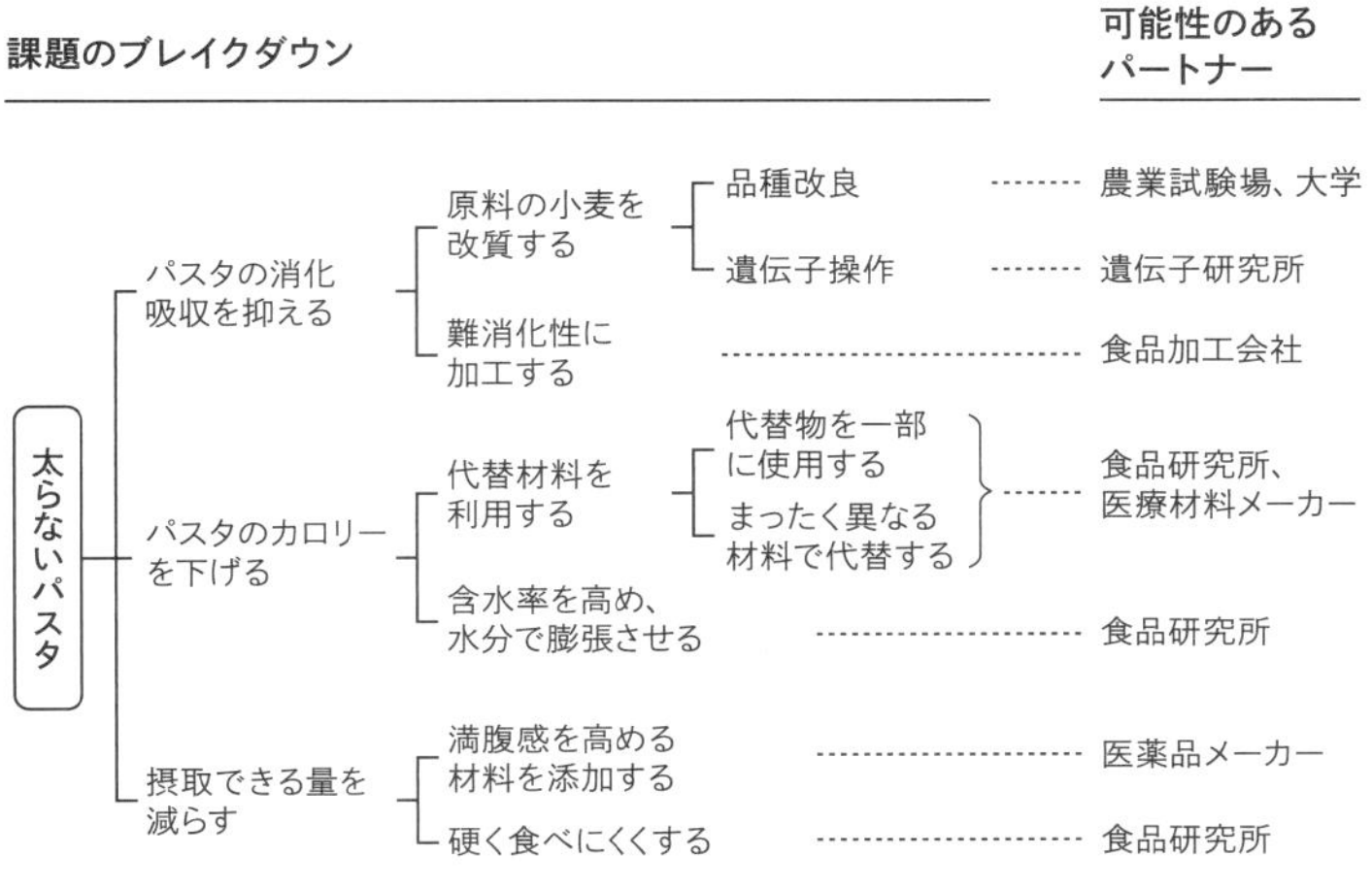
課題のブレイクダウン
可能性のあるパートナー
太らないパスタ
パスタの消化吸収を抑える
原料の小麦を改質する
品種改良
農業試験場、大学
遺伝子操作
遺伝子研究所
難消化性に加工する
食品加工会社
パスタのカロリーを下げる
代替材料を利用する
代替物を一部に使用する
まったく異なる材料で代替する
食品研究所、医療材料メーカー
含水率を高め、水分で膨張させる
食品研究所
摂取できる量を減らす
満腹感を高める材料を添加する
医薬品メーカー
硬く食べにくくする
食品研究所

出典：筆者作成

図 2-4　太らないパスタを実現するためのアプローチ例

たとえば、食べても太らないパスタを実現するためにどうするか、を考えてみよう。はじめに論理的に課題を分解し、「洗い出し」をするとどうなるのか（図2-4参照）。食べても太らないパスタを実現するためには大きく、①パスタの消化吸収を抑える（食べても消化されずにエネルギーとならない）、②パスタそのもののカロリーを下げる、③摂取量を減らす（大量に食べられないようにする）の3つが考えられる。

消化吸収を抑えるためには、そもそも消化されにくい小麦でパスタをつくる、普通の小麦を使いながらも加工方法の工夫によって体内で消化されにくくするなどのアプローチがある。消化されにくい小麦を実現するためには、品種改良や遺伝子操作が候補技術となり、遺伝子操作

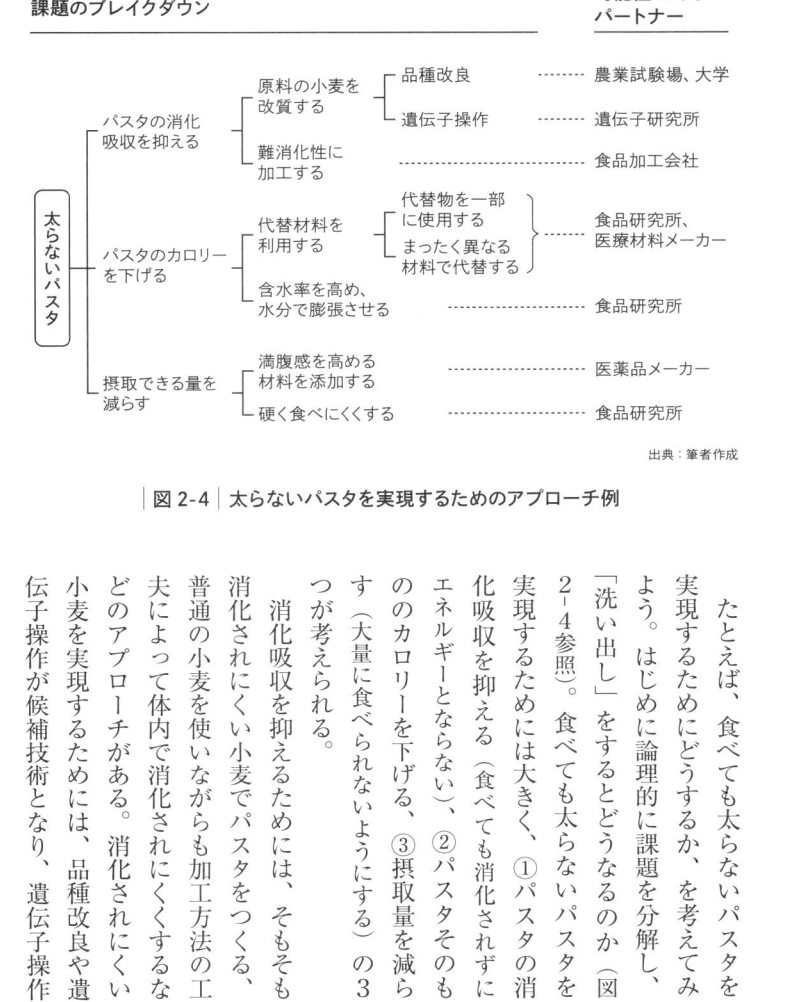

を専門に行う研究機関、あるいは小麦の品種改良を行う農業試験場や大学がパートナーとなるかもしれない。また、パスタそのもののカロリーを下げるアプローチの場合、医療用の低カロリー食材を研究しているメーカーや、パスタの含水率をあげて単位重量当たりのカロリーを下げるというシンプルな技術を研究している食品研究所がパートナーとなる可能性がある。摂取量を減らすアプローチをとる場合には、満腹感を高める材料を加える、あるいは硬さや食感を制御することで食べにくくするなどといったアプローチが考えられ、それぞれ医薬品メーカーや食品研究所、あるいは大学などが合致する技術を保有する可能性に期待できる。

このように課題をブレイクダウンしたうえで、どのような技術が必要かをしっかりと見分けることによって、より確度の高い技術探索が可能になる。「太らないパスタをつくりたい」というニーズが、最終的に「小麦の遺伝子改良技術募集」や「満腹感を高める食材募集」となるかもしれないのだ。

ステップ2　技術の探索（Find）

技術探索のための4つの手法

社外に求める技術が明確になったら、いよいよ技術の探索に移る。これまでは社内の作業であったが、ここからは社外に飛び出すことになる。

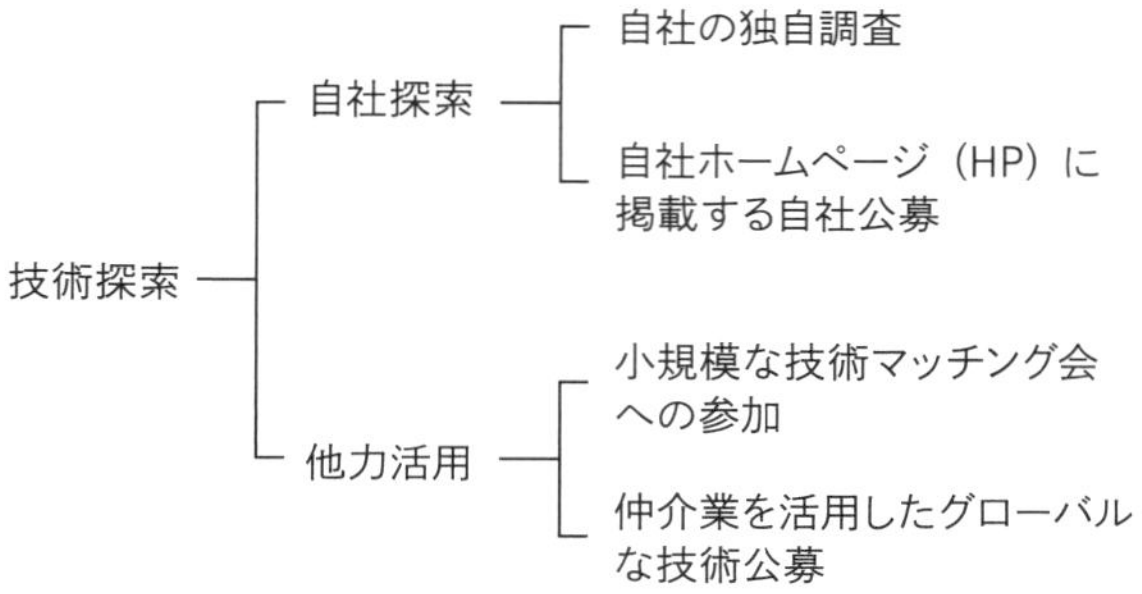

出典：筆者作成

図 2-5　技術探索の4つの手法

社外技術を探索するための手法は複数あるが、これまで付き合いのない新しい組織を探し出して技術を導入する、技術探索型オープン・イノベーションに関する探索手法は、「自社探索」と「他力活用」の2つに分かれる。自社探索には、おもに「自社の独自調査」と「自社ホームページ（HP）に掲載する自社公募」の2つがある。また他力活用の場合は、「小規模な技術マッチング会への参加」と「仲介業を活用したグローバルな技術公募」の2つに分類できる。ニーズの特性（解決までに許される時間、技術的な難易度、技術領域、対象地域など）に応じて適宜使い分ける必要があるため、4つそれぞれの探索手法の特徴について順に解説する。

①自社の独自調査

真っ先に行うべきは、自社の独自調査である。論文データベース、特許データベース、新聞・雑誌の記事、学会や企業・大学のHPなど、公知になっている情報ソースを最大限に活用するのだ。最近では、大学の産学連携本部や地方の産業クラスターなどが、傘下の技術に対して積極的に情報公開を行っているので、そのような情報源を当たることも有効だ。キーワードを駆使しながらしかるべき情報を集め、そこから技術を探索し、興味を持った組織があればコンタクトして、協業の可能性を探るのである。地味な作業だが、研究者の基本動作だとも言える。

いまの時代、情報は無限にあり、どこにいても入手することが可能だ。そこでは情報を得るスキルよりも、膨大な情報から最適なものを選び出すスキルこそが重要になる。結果を左右するのは、使用する情報ソースの選択、そして検索に使用するキーワードの選定である。現在、さまざまなデータベースが無料あるいは低価格で提供されているが、情報ソースを活用し、感度の高いキーワードで検索をかける必要がある。

とくに海外の組織を探すとき、英語で効果的なキーワードを作成し、組み合わせる必要がある。英語の場合、2つ、3つと似たような表現があるようなことも多い。たとえば、樹脂でできたフィルムはいろいろな用途で使用されるが、"Resin film" "Polymer film" "Plastic film" など訳語もさまざまだ。熱伝導材料を翻訳する際も、直訳では "Thermal conductive material" となるが、実際には "Thermal interface material" が使われていることも多い。技術用語辞典を使いながら、感度の高いキーワードを探し出すのもスキルの1つだ。

同時に、探し出した技術や組織が本当に最適なのか、確認するための調査も重要だ。技術のレベルや発表のタイミングを見ながら、最も優れたものを見極めなければいけない。公表しているパフォーマンスが彼らの〝最大瞬間風速〟であり、通常のレベルはそこまで達していないということも少なくないからである。

自社の独自調査は、社員の人件費のみで、余計な出費がないことが最大のメリットだ。一方で、各研究者が自力で行うため、時間がかかり、調査スキルによって結果のばらつきが大きいことは否めない。加えて、特許や論文は公知になるまでにタイムラグが発生するため、動きの速い業界では、見つけたときにはすでに古くなっているということもある。さらに、調査で見つけ出した組織に協業を打診しても、必ずしも相手が前向きとは限らない。協業先を見つけるまでに時間と労力がかかるし、そこで見つけた相手が最適だという保証はないのだ。技術動向の把握には適しているが、協業パートナーを見つけるという目的においては一定の難しさがあると言える。

②自社HPに掲載する自社公募

ここ数年で日本でも増えてきているのが、自社公募だ。自社のHP上に技術募集サイトを構築し、そこに求める技術を開示しながら提案を待つのである。日本ではトヨタ自動車の「研究公募」が有名で、2000年から継続している。最近では、旭硝子、出光興産、コニカミノルタなどをはじめ、大手医薬品メーカーも同様の取り組みを開始している。

この仕組みのメリットは、〝やる気のある組織〟からの「提案」が届くことである。先に解説した自社の独自調査では、有望組織が見つかったとしても相手の意図まではわからないし、集まるのはあくまでも公知情報である。一方、自社公募で集まるのは単なる「情報」ではなく、固有の課題に対する「解決策」であり、「組みたい」という意思を含んだ「提案」である。募集者側が望めば、すぐに協業につながるという効率のよさがある。

また公募サイトの運営を通して、社外技術探索に対する知見が社内に蓄積されるメリットがある。どのような技術募集を行うと、どのような反応が返ってくるのか。またその反応の中身はどのようなものかを身をもって体感することで、技術探索に関する感度が研ぎ澄まされる。そして、よりよい提案を集めるためにさまざまな工夫をすることにより、社外技術を活用する第一歩としての探索のスキルが高まるのである。

自社公募の副次的な効果としては、社外へのアピール効果も小さくない。開かれた研究開発をアピールすることで、企業イメージのアップや株主へのメッセージ、社員への意識付けなどにつながるのだ。

ただし、認知活動がうまくいかないと効果を発揮できないという課題がある。最近、各業界で自社公募を目にするようになったが、多くのケースでは、それを知っているのは同じ業界の研究者が中心であり、異分野の研究者がそれを知る機会は限られる。そのため、どうしても自分たちの隣接業界に限定された募集となりがちで、オープン・イノベーションの醍醐味の1つである異分野や海外からの提案を集めるためには、大々的なアナウンスや認知活動が必要なため、その工数は膨らむ。

さらに、公募形式のため、誰でもその募集を見ることができる。これは自分たちの競合も募集を目にすることを意味する。つまり、求める技術を開示することは、将来の戦略の一部を開示していることになり、外部の目が気になって課題の詳細が記載できないというジレンマが発生する。課題の詳細が記載できなければ、的を射た提案も集めにくい。そのトレードオフのはざまで継続的な工夫が求められることとなる。

③ 小規模な技術マッチング会への参加

ここ数年、地方の金融機関や産業育成機関、あるいは大学の産学連携本部が企画をして、技術マッチング会が開かれることが多くなった。地元の中小企業や研究機関を集めて、大企業との交流を促すのである。事前にニーズを開示して、当日、中小企業や大学からの提案を受け取ることもできる。

日本の中小企業が得意とする技術を求める場合は、こうしたイベントを活用することも有効だ。加工や試作など、企業とすり合わせをしながら協業を進めたい際、この仕組みを活用する企業は多い。また日本の大学が得意とする技術領域、たとえば光触媒や電池技術などにおいても、これらの仕組みを使って国内の大学との連携を進めることも有効である。

主催者側としては、地域の産業発展や大学の技術の有効活用をミッションとしているため、大企業に対する橋渡しに積極的である。そのため、大企業が技術を求める場合には使い勝手もよい。たとえば、大阪ガスは最も巧みにこの仕組みを活用している企業である。毎年複数のマッチング会に参加（あるいは企画）し、数千件におよぶ中小企業の技術を評価しては、そのなかで優れた技術を社内に取り込む活動を行っている（第3章参照）。グローバル企業の東レも、テーマによっては技術マッチング会で協業パートナーを求めているという。

ただし、マッチングイベントという形式を取るため、限られた時間に面談できる組織数は多くない。またイベントの場でしかマッチングは行われないため、タイミングの融通は利きにくいことも課題だ。柔軟性や網羅性という意味では他の方法には及ばないが、深く議論しながらフェイス・トゥ・フェイスでパートナーを見つける場合には有効だと言える。

④ 仲介業を活用したグローバルな技術公募

技術の流通が活発化すると同時に、それを仲介する業者が現れてきた。一昔前までは、大手メーカーを引退したシニアや業界に特化したコンサルタントが、自分のネットワーク内で行っていた技術仲介を、組織的にグローバル規模で行うのである。彼らは、大手メーカーの依頼を受けて、世界中から技術を探し出して紹介する。ＳＮＳ（ソーシャル・ネットワーキング・サービス）を活用するモデルや、囲い込んだ研究者のなかから解決策を探し出すモデル、その都度可能性のある研究者を探し出して提案を要請するスカウトモデルなど、そのバリエーションも豊富だ。

この仕組みを活用するメリットは、短期間で世界中から多様な技術を探し出せることである。とくに、彼らのグローバル・ネットワークを通して異分野からも技術を探せるため、高難度な課題に対して利用する企業が多い。また、仲介業が代理で技術を探すため、依頼企業の企業名を開示せずに技術を探索できることは大きなメリットである。匿名で募集ができるため、課題を具体的に記載でき、的を射た提案が届くことになる。

小型のエアーコンプレッサー募集

提案締切:
201x年x月xx日

インセンティブ:
- 年間購入予定量:
  50万個
- 追加開発が必要な
  場合、必要なファン
  ディングも可能

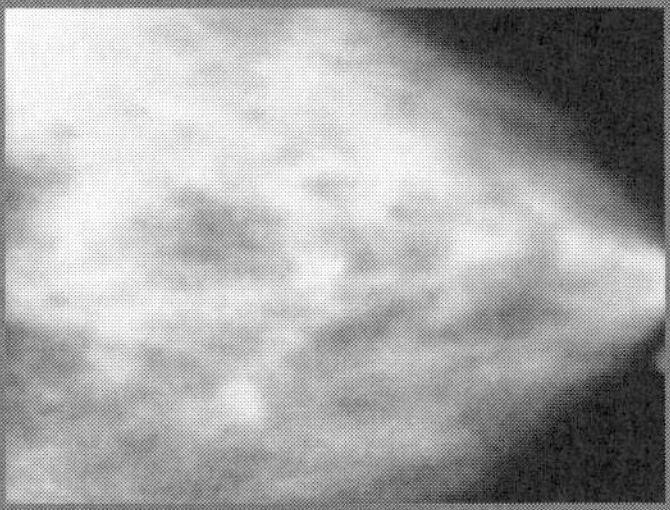

募集企業:グローバルメーカー

求めるスペックの詳細

- 価格:4000円/個以下
- 高湿度中でも機能すること
- 動作圧力:3 ~ 4 bar
- 流量:25 ~ 30 LPM (リットル/分)
- 15分間連続運転が可能なこと
- 定格電圧:240V 50Hz
- 最大許容騒音:70 dBA
- 最大振動速度:< 0.5g (重力加速度)
- 希望寸法　15×10×12cm

出典:ナインシグマ・ジャパン資料より筆者作成

図 2-6 仲介業を活用した匿名の募集例

仲介業を通して行われた匿名募集の実例を1つ紹介する。募集主体はグローバルメーカーとだけ記入してあるが、求める技術はかなり具体的に記されている。

図2-6にあるように、求めるコンプレッサーのスペックはかなり明確で、この業界に身を置く人が見れば、その用途までも把握できるかもしれない。仮に企業名開示で募集したとすると、その企業の戦略がかなりの確率で漏えいされることとなるだろう。たとえば、何を製品化しようとしているのか、スペックはどの程度か、現在どこまでできているのかなど、詳細が外部に公開されることとなる。しかし、仲介業を利用する限りにおいては、少なくとも募集主体が特定されるリスクを最小化できるのである。

ただし、仲介業の利用には相応の費用が発生し、それは利用時のハードルだと言える。グローバル・ネットワークを通して徹底的に技術を探すため、多大な工数がかかるために安い出費ではない。そのため、成果が生まれた際に、探索に費やした費用の数倍のインパクトがあるテーマでないと割が合わないかもしれない。コストをかけてでも何とかしなければいけない、高難度かつ重要な技術ニーズで実施する傾向がある。

また、依頼する仲介業のスキルやネットワークで結果が左右される、という一面もある。募集主体となる企業と仲介業のコラボレーションが必要となることから、主体側にも相応のコミットメントが求められる点は留意すべきだ。

以上、①〜④のように技術探索にもさまざまな手法があり、技術ニーズに応じて最適なアプローチを取る必要がある。先述したように、大阪ガスの場合はマッチング会を最大限に活用しているし、東レの場合は、試作や加工をしてくれる中小企業を探すときはマッチング会を利用し、高難度な課題解決には仲介業を利用している。また自動車部品メーカーのデンソーは、自社調査をやり尽くしたうえで解決できないときは、仲介業に依頼するというプロセスを構築している。

求める技術をいかに伝えるか

技術探索手法のどれを採用する場合でも、社外の人間に自分たちが求めている技術を正しく伝える必要がある。では、どのようなコミュニケーションをすればよいのだろうか。

基本的なこととして注意すべき点は、相手が疑問に思うべき点に関して、はじめからしっかりと伝えることだ。「質問があれば向こうから聞いてくるだろう」などと期待してはいけない。多忙な研究者に、「こんな技術はありませんか」「提案しませんか」と問いかける際に、彼らが理解できないことが1つでもあれば、その時点で相手のモチベーションは下がる。できるだけわかりやすい、かつ異分野の研究者に対して通じるコミュニケーションを心がけなければいけない。

では、具体的に何を伝えればよいのか。見知らぬ研究者に対して、突然「我々は○○のような技術を探しています。あなたの技術を提案しませんか」と問いかけることをイメージしていただきたい。それを聞いた相手は、何を考えるだろうか。まず、「なぜ自分にそれを問いかけるのか」と思うのではないか。異分野の研究者に技術を求める場合はなおさらである。

そのため、現在どのような課題を抱えていて、どういった技術を探しているのか、そして、どういう背景でこの研究者にコンタクトをしたのか、この点を明快に説明すべきである。たとえば「居眠り運転による自動車事故が増えていて、運転者の眠気検知技術を確立しようと考えています。運転者の眠気は、脳波のパターンを見れば検知できることがわかっており、現在、非接触で脳波を検知する技術を探しております。あなたが書かれた、簡易な脳波計測に関する技術論文を読み、もしかしたら我々の求める技術をお持ちではないかと考えコンタクトしております」と書けば、異分野の研究者でも納得できるだろう。丁寧すぎることから問題は生まれない。

その後に読み手が感じることは、「自分が持っている技術は、求められている技術に合致するのか」、さらに「技術を提案して採用されたら、自分にどんなメリットがあるのか」ということではないか。「求める技術」を明確に記載すること、提案者にとってのメリットが何かを明記することを忘れてはいけない。たとえば、大学の研究者であればファンディングを受けての共同研究がインセンティブになるし、企業であれば技術をライセンシングできる、あるいは機械や材料を購入してもらえることがインセンティブになる（詳細は後述）。

それらに加えて、知財に関する取り扱いや協業の進め方、提案提出の方法、採用後の進め方までを記載しておけば、読み手は安心するだろう。「そこまで考えているということは、それだけ真剣なのか」と、こちらの熱意も理解してもらえる。図2-7のような形式で必要事項をカバーすれば、読み手が納得できる技術募集が設計できるはずだ。

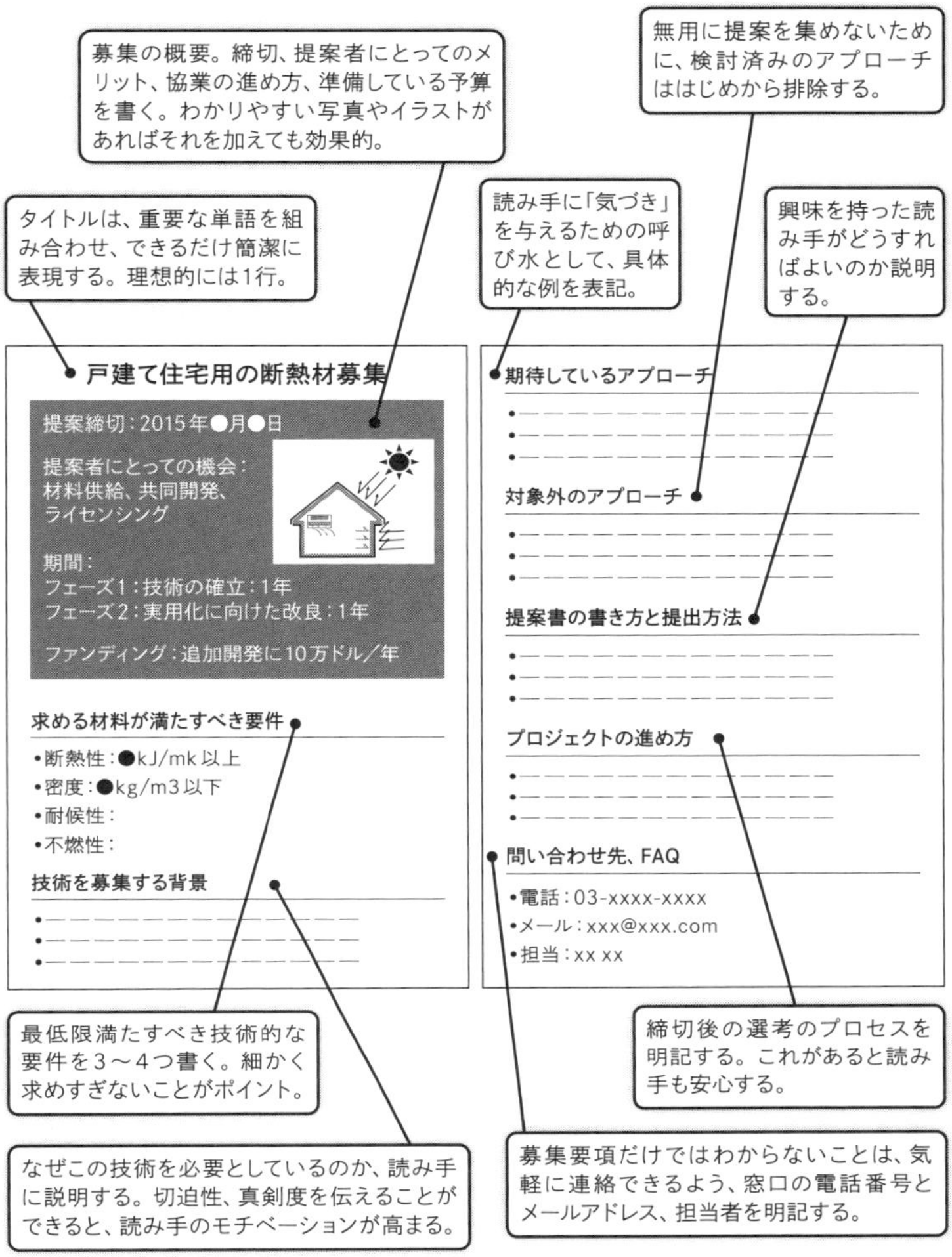
募集の概要。締切、提案者にとってのメリット、協業の進め方、準備している予算を書く。わかりやすい写真やイラストがあればそれを加えても効果的。
無用に提案を集めないために、検討済みのアプローチははじめから排除する。
タイトルは、重要な単語を組み合わせ、できるだけ簡潔に表現する。理想的には1行。
読み手に「気づき」を与えるための呼び水として、具体的な例を表記。
興味を持った読み手がどうすればよいのか説明する。
戸建て住宅用の断熱材募集
提案締切：2015年●月●日
提案者にとっての機会：
材料供給、共同開発、
ライセンシング
期間：
フェーズ1：技術の確立：1年
フェーズ2：実用化に向けた改良：1年
ファンディング：追加開発に10万ドル／年
求める材料が満たすべき要件
•断熱性：●kJ/mk 以上
•密度：●kg/m3 以下
•耐候性：
•不燃性：
技術を募集する背景
期待しているアプローチ
対象外のアプローチ
提案書の書き方と提出方法
プロジェクトの進め方
問い合わせ先、FAQ
•電話：03-xxxx-xxxx
•メール：xxx@xxx.com
•担当：xx xx
最低限満たすべき技術的な要件を3～4つ書く。細かく求めすぎないことがポイント。
締切後の選考のプロセスを明記する。これがあると読み手も安心する。
なぜこの技術を必要としているのか、読み手に説明する。切迫性、真剣度を伝えることができると、読み手のモチベーションが高まる。
募集要項だけではわからないことは、気軽に連絡できるよう、窓口の電話番号とメールアドレス、担当者を明記する。

出典：筆者作成

図 2-7 技術募集に使用する募集要項のサンプル

専門用語の使い方に気をつける

募集要項を作成する際は、「自社の目線」になりすぎないことに注意すべきだ。自社の目線とは、「相手もこのくらい理解できるだろう」という思い込みである。専門的な用語や業界内だけでしか理解されない表現があるため、自分たちにとって当たり前のことが、とくに海外や異分野の研究者には通じないというケースが頻繁に生じている。

意外と大きな落とし穴になるのが、和製英語である。たとえば、自動車のフロントガラスは英語で“Windshield”あるいは“Windscreen”と表記される。“Front glass”は和製英語であり、海外では通じない。また自動車のハンドル（Steering wheel）、ショベルカー（Scraper）、ゴム（Rubber, Elastomer）など、日本では日常的に使用しているカタカナ英語が和製英語であることは多い。

略語にも注意が必要だ。熱マネジメント関係の研究者にとってTBCと言えば、誰でも断熱膜加工（Thermal Barrier Coating）を思い浮かべるが、異分野の研究者にとっては必ずしもなじみのある言葉ではない。電子機器の研究者が見た場合、TBCはタイム・ベース・コレクター（Time Base Corrector：VTRで使われる時間軸エラー補正器具）となる。同様に、アルファベット1文字の表記も要注意である。たとえば「t」と書くと、ある人は「温度」（Temperature）と理解し、ある人は「厚さ」（Thickness）だと理解する。初歩的に見えるかもしれないが、一瞬でも読み手の頭の中に「?」が生じると、その時点で思考にブレーキがかかるため、できるだけスムーズに理解できるような配慮をすべきである。

また、単位の使い方も厄介だ。日本工業規格（JIS）ではなく、国際単位系（SI）を使用することは当然であるが、複数の単位が標準的に使用されるケースも多い。代表的なものが温度を表す摂氏と華氏。水の沸点は摂氏１００度だが、華氏では２１２度。ほかにも、粘度を表すPa・s（パスカル秒）とP（ポアズ）、熱量を表すJ（ジュール）、cal（カロリー）、W・h（ワットアワー）などがある。重さを表す「ton」（トン）に至っては、世界標準、アメリカ、イギリスでそれぞれ微妙に異なる（英トンは約１０１６キログラム、米トンは約９０７キログラムと、１００キロ以上の差）。正確を期す場合には、メトリックトン（Metric ton）と記載すべきだ。

とくに海外の研究者に対して、日本人のような「阿吽《あうん》の呼吸」はみじんも期待できない。相手にこちらの意図を正確に伝えるには、常に、誰にでも理解できる表現を意識する必要がある。

オープン・イノベーションに積極的な企業のリーダーは、カンファレンスで次のように語っていた。「少しでもよい提案を集めるためには、わかりやすいコミュニケーションが重要。素人の妻でも理解できるくらいわかりやすく書くことを意識している」。このような心遣いが、結果を大きく左右するのである。

インセンティブ設計がカギを握る

読み手が提案したくなるようなインセンティブ設計は、有望な技術を集めるために重要な要素となる。時間をかけて提案を作成しても、採用のインパクトが小さい場合に提案者のモチベーションは高まらない。相応の見返りが得られることが必要だ。

では、具体的な見返りとは何か。その第一は、当然、金銭的な支援である。たとえばグローバルの基準では、大学との共同研究では年間1000万円が最小単位と心得るべきである。これは、大学側がプロジェクト専用に大学院生やポスドク（博士研究員）を1名配置するとした場合、標準的に年間10万ドル（日本円で約1000万円）かかることを考えると、妥当な数字と言える。日本の大学との共同研究と比べると割高に感じるかもしれないが、人件費をコストと見ない日本の大学が、欧米のみならず中国やロシアなどと比較して低コストなだけと言ったほうが正確だ。つまり、大学との協業を前提にパートナーを探す場合、とくに相手が海外の組織のときは、年間1000万円程度の出費は前提となる。

ただし、金銭面以外にも提案側のインセンティブはある。もし募集側が大企業であれば、大企業と協業できること自体が相手のモチベーションを高める要因となる。協業相手が大きければ、その後も他のニーズで食い込めるかもしれないし、大企業と協業しているということ自体が自分たちの評価を高めることにもなるからだ。共同開発の後の実用化の際、ビジネスのボリュームが大きい可能性も高く、たとえ途中で協業が終了しても、相手の資金で技術の改善ができることになるので失うものはない。募集側が大企業ではないとしても、協業によって新しい市場が開拓できる、あるいは技術が一歩前進するといったこともインセンティブになりうる。

ステップ3　技術の評価（Get）

社外の技術が集まった、あるいは社外から提案が届いた後は、それらを評価して絞り込む作業が待っている。技術の内容を精査して、採用か不採用を決めるのである。

ここからは、相手のある話だということを忘れてはいけない。こちらが相手を評価していると同時に、相手もこちらを「組むに値する相手かどうか」と評価しているのだ。国内組織がメイン・クライアントの日本企業にとって、海外組織とのコミュニケーションは慣れないことが多く、最初は気を遣う部分も多いだろう。グローバル・スタンダードに則った動きが求められるが、そこですべきことはビジネス上の当然のことだとも言える。

技術の評価の際に気をつけるべきことを、それぞれ以下に記す。

意思決定は4週間以内に行うべき

日本企業の場合、海外の組織が相手となると意思決定に時間を要する傾向があるが、それではせっかくその気になっている相手から辞退されてしまうことも少なくない。相手にも適切な協業先だと認めてもらうとき、意思決定の遅さは致命的となる。

気になる組織を見つけた際には、どのようなコミュニケーションを取るかを社内で検討することになる。複数の組織を評価する場合は、なおさら慎重な検討が必要になるだろう。では、どのくらいの時間感覚で動くべきだろうか。経験上、4週間以上待たせることはマナー違反だと考える。相手も、こちらの事情を理解してある程度は辛抱強く待ってはくれるが、何の連絡もしないまま4週間以上経過しては相手の心証を悪くする。意思決定に時間がかかるのであれば、2週間おきに現状をアップデートし、相手の関心をつなぎとめるなどの気遣いが必要だ。

とくに難しいのは、複数の組織を同時に評価している場合だ。A社、B社とのコミュニケーションに時間を要しているうちに、C社、D社が長期間待たされることがしばしば起こる。このときは、簡易な管理表をつくって進捗を管理し、相手の関心をつなぎとめるなどの工夫が必要だ。長く待たせる場合には、その旨を事前に伝える必要があり、次のコンタクトをいつするかも、できれば説明しておいたほうがよいだろう。

とくに大企業は、「悪気はないが、ひたすら意思決定が遅い」傾向がある。おそらく、社内調整に時間がかかったり、多忙でつい後回しになったりするのだろう。しかし、オープン・イノベーションの世界では、それはご法度なのである。

もちろん、最初に届く提案書では判断が難しいこともあるだろう。相手も手の内を出しきらないことが多い。そのため、技術を見て多少なりとも有望性を感じる提案には、追加の質問で技術力を確認する必要がある。意思決定に有用な情報を得るためのキークエスチョンを何個かぶつけてみるのだ。

たとえば、次の質問は相手の力量を理解するのに有効である。

- 現在のパフォーマンスとX年後のパフォーマンス。そこまで到達できると考える根拠、あるいは到達するために解決すべき課題。
- 協業のプラン。どのくらいの期間、どのような体制で協業することを希望しているのか、それにかかるコストはいくらか。

- 過去の実績。とくに大企業との協業実績。

内容を見てもわかる通り、確かな技術を保有し、真剣に協業を考えている相手であれば問題なく記載できる質問である。逆に、これにも答えられないのであれば要検討かもしれない。

サンプルテストのコストは自社負担

材料やデバイスを求める場合など、サンプルで評価試験を行うことが多い。ここでもグローバル・スタンダードに沿ったコミュニケーションが重要である。

サンプルテストと聞くと、ついつい悪気もなく、あたかも日頃から付き合いのあるサプライヤーに依頼するように、「まずは無料でお願いします。うまくいったら、そのコストは購入の際に上乗せします」などと言いがちだが、それは絶対にやってはならない。オープン・イノベーションは、これまで付き合いのなかった組織とのやり取りである。誠意ある対応が何よりも大切であり、サンプルにかかる費用も当然こちらで負担すべきである。

ただ、海の物とも山の物ともわからない技術に対して、時間と手間をかけるのは非現実的だ。そのため、技術力の評価のために、はじめはすぐにできる、あるいはすでにできているサンプルを安価で送ってもらう。それを見ていけそうだとなったら、金銭的負担はこちらで行い、要求仕様に沿ったサンプルワークを依頼して、本格的なサンプルテストに移行する、という進め方が多い。つまり、二段階選別である。

サンプルを見ると、格段に技術力の理解が進むため、スピーディーに技術力を評価する際には効果は大きいと言える。

不採用時の断り方こそ重要

技術探索を通して生まれた縁は、このとき限りとは言い切れない。将来、復活する可能性もあるし、何よりも研究者の間で悪いうわさが立つことは避ける必要がある。できるだけ良好な関係を継続しておくことは重要だ。提案を受け取ってからの迅速なフィードバックもその一環だが、不採用先に対しても、不採用の理由をしっかりと説明して、相手にとって価値のある情報を提供しなければいけない。

アメリカのアンダーアーマーは、現在、世界で急激に成長を続けるスポーツ用アパレルメーカーであり、オープン・イノベーションを活用して製品開発を加速させている。彼らは、「不採用とした相手にこそ礼を尽くすべきだ」と言っている。なぜ不採用なのか、どこをどう改善すればよいのかを丁寧にフィードバックすることで、その後も長期的に良好な関係を維持できるからである。2014年のオープン・イノベーションフォーラムで来日した、同社のシニア・バイス・プレジデントであるケヴィン・ヘイリー氏は、「オープン・イノベーションをうまく進めるには、謙虚な姿勢が大切だ」と何度も繰り返していた。同様に、オープン・イノベーションの先進企業、アメリカのパッケージング会社MWVのヴァイス・プレジデントであるポール・フランス（Paul France）氏は、「おもてなし（OMOTENASHI）の心が必要」だと語っている。（注2）

海外組織とのコミュニケーションは、慣れていないと余計な時間と労力を要することが多い。また、継続的に良好な関係を築くためには、無用な齟齬を防ぐことが不可欠だ。これらを補完するために、コミュニケーションのエキスパートを採用することも有効だ。実際、そうした企業も登場し始めている。

技術にある程度詳しく、かつコミュニケーション能力が高い人材が必要になるが、たとえば海外駐在経験のある人材やグローバル購買を担当した経験のある人材などは、この役割に向いていると言える。海外の子会社から外国人スタッフを採用して、日本のオープン・イノベーションチームに加えるケースもある。コミュニケーション・スキルは誰でもすぐに高められるというものではないので、オープン・イノベーションを本格的に進める際には、このような思い切った取り組みも有効である。

コミュニケーションの基本でもあるが、追加情報の入手をはじめ、相手の組織を評価する場合は、メールよりは電話、電話よりは面談と、できるだけ顔が見えるコミュニケーションを心がけることも重要だ。メールでは書けないことも電話でなら話せるかもしれないし、電話ではわからないことも会えばわかるかもしれない。百聞は一見に如かずの言葉通り、訪問して、話をして、現地を見ることで、書面やメールだけでは気づかないことがたくさん見えてくるのである。

（注2）France, Paul. 2013年9月13日、第8回日本オープン・イノベーション・フォーラムのプレゼンテーションを参照。

訪問が実現すれば、中心となる研究者だけでなくサポートするスタッフに会える、研究設備を見ることができるというメリットもある。直接話すことで互いの理解が深まり、コミットメントを高めることができるため、後日、協業に進んだ際に確実にプラスに作用する。

法務部門をいかに巻き込むか

有望な組織を探し出した後、その組織とコミュニケーションを続けると、どこかのタイミングで秘密保持契約や業務委託契約が必要になる。ここまできたら法務部門の出番である。

その立場上、法務部門はリスクの最小化がミッションであり、実務部門の暴走を止めることを任務と考えている場合さえある。つまり、これまで付き合いのない海外の組織で、それが設立間もないベンチャー企業などの場合、彼らと契約を結ぼうとすると、とたんに質問の嵐が降り注ぐこととなる。

現実に、企業のオープン・イノベーション活動を見ていると、法務がボトルネックになることが少なくない。予想以上に時間がかかる、手間がかかることは日常茶飯事だが、先方に辞退されてしまう恐れもあるので悠長に構えているわけにはいかない。その対策として、いざ活動が進んだ際にはスムーズに対応ができるように、根回しをしておくことをお勧めする。これからどんな活動をするのか、協業の際、法務部門にどのようなお願いをすることになるのか、いつ頃になる可能性があるかなどを事前に話しておくだけで、活動の進みやすさは格段に異なる。

日本ではまだ少ないが、オープン・イノベーションチームに法務部門のメンバーを兼任で加えた企業もある。たとえば、訪問時のミーティングだけをカバーする、簡易版の秘密保持誓約書を作成したり、相手との面談に同席してその場で知財に関する交渉をしたりと、活躍の範囲は広い。これは非常に有効に機能しているため、長期的にはそのような対策も検討する余地があると考える。

提案書は有効活用する

自社で探し出した情報や届いた提案は、その後も財産となる。サマリーや比較表をつくり、データベース化して保存しておくとよいだろう。

とくに提案の活用の余地は大きい。先述したように、提案は「情報」とは違い、「あなたと組みたい」という意思が含まれている。つまり、こちらさえよければすぐに協働可能な状況にあるため、効率よいコミュニケーションが可能なのである。また、提案には個々の課題に対する解決策が書かれている。公知に見える一般情報よりも深い内容が記載されており、自分たち向けにカスタマイズされた最新の技術が届くと考えれば、一過性のもので終わらせずに貪欲にフル活用することで、新しいブレークスルーが生まれるかもしれない。

実際、オープン・イノベーションを戦略的に進める企業は、提案をデータベース化して効果的に活用していることが多い。ある化学企業は、研究開発部門内の共有サーバーにオープン・イノベーション用のスペースを作成し、技術募集で集めた提案書を格納することで、社員が随時アクセスできるようにしている。そのうえで、その提案組織とコンタクトを希望する場合にどうするかといったプロセスまで作成しているのである。決して他社には構築できない、独自の貴重な情報源になることは間違いない。

ステップ4　技術の取り込み（Manage）

最後は、技術の取り込みだ。複数から選び抜いたベストな技術を社内に取り込むのである。この「取り込み」いかんによって、活動の成果が大きく左右されるため、最も重要なステップと言ってもよいだろう。技術探索型オープン・イノベーションの場合は、探し出した技術を取り込むために、実際の協業の形では共同研究あるいは共同開発となることが多い。

このステップですべきことは、基本的には、通常行っている社外連携とまったく同様であり、オープン・イノベーションならではの特別なことはない。とはいえ、いくつか留意点はあるので、とくに日本企業が留意するべき点について解説する。

予算交渉は双方の納得が不可欠

協業に進むにあたっては、必ず予算が発生する。基本的には、技術を求める側がそれを提案することになるが、大学との共同研究、中小企業との共同開発など、協業のスタイルによって費用は異なる。

予算交渉は、相手に必要な予算金額とその内訳を出してもらい、それをベースに議論するという作業が一般的である。支払い方法に関しては、一括前払いの場合もあれば、ステップ・バイ・ステップとして、関門をクリアするごとに支払うケースもある。その進め方については、双方の交渉で決めることである。

金額に関しては、たとえば共同研究のための人件費が中心となるのか、研究のために新たな設備を導入する必要があるかなどで大きく異なるが、研究に携わる研究者の人数と工数である程度の算出はできる。先述した通り、専属の研究者を1名、1年間任命すれば、年間10万ドルが1つの目安だ。

また、成果物としての知財権の獲得やライセンシングに関しては、共同研究費とは別途に条件交渉をすることが一般的である。これまで国内では、共同研究費を負担したのだから知財も自分たちが保有すべきとの考え方が通ることも少なくなかったが、その考えはグローバルには通用しないことも多い。

予算の交渉は当然のものであり、遠慮することはないし、思う存分意見をぶつければよい。ただし協業にこぎつけるためには、グローバルな基準を踏まえて交渉に臨むべきである。協業費用に関しては、最後は互いの納得感が重要になるからだ。まれに、強引な交渉で協業費用のディスカウントを強いたと誇らしげに語る研究者を目にするが、それが正しいかどうかはよく考えてほしい。協業には必ずパートナーが存在する。相手にもメリットがなければ結果は得られない。ディスカウントを強いられたパートナーの納得感が低い場合、はたして彼らは最大のパフォーマンスを出そうとするだろうか。とくに予算に関する納得感が低い場合、協業はうまくいかないケースが多いことは付け加えておく。サンプルテストや初期的な試作を無償で依頼し、結果として不採用としたことにより、相手に訴えられそうになったケースもある。コスト意識の高さは美徳ではあるが、行きすぎには注意が必要である。

彼らは、自分たちの研究開発をアシストしてくれるパートナーだという意識を忘れてはいけない。金銭に関する交渉は、必ずしも自分本位で考えるべきではないのだ。

こまめな進捗管理を実行

自社はファンディングをして研究や開発は先方に任せるような、委託研究・委託開発に関しては、途中で経過を報告する場を設定することも必要になる。互いの理解がずれたまま数カ月が過ぎると取り返しのつかない結果になりかねない。実際、コミュニケーションが不十分だったために、相手はまったく悪気のないままこちらの要望とは違う内容で研究を進めてしまい、その後に問題になるというケースが起こっている。

このようなトラブルを避けるためにも、電話会議やレポートなどによって、活動報告を定期的に行うことは重要だ。相手にプレッシャーをかけるという意味ではなく、適宜、方向性を確認・

修正するために必要な作業である。とくに軌道に乗るまでは定期的な進捗管理が重要であり、それを要求することに何ら問題はない。

コミュニケーションの際には、その都度、合意内容を共有するなどもよい。議事録とまではいかなくとも、「今日の合意内容と今後の進め方」をメールで送っておくだけで、格段にコミュニケーションがスムーズになることがある。なかでも、期待成果を確認する作業は怠ってはいけない。「このくらいはわかるはずだ」という期待は禁物であり、できるだけ書面で合意形成することをお勧めする。

Win-Winの関係構築に工夫する

日本企業が海外組織との協業を進める様子を見ていると、思わず介入したくなることがたびたびある。

とくに日本の大企業に多いのは、日頃の下請けやサプライヤーとの付き合い方を、そのまま当てはめようとするケースだ。高圧的に、ときには不当な条件での協業を押しつけようとし、結果として相手に辞退されてしまうということも少なくない。おそらく本人たちに悪気はなく、社内慣習を実践しているだけなのだが、そうした日本流の考え方が必ずしも正しいとは限らない。

協業の世界では、両者がメリットを享受できるWin-Winの関係しかあり得ないということは先述した。コストを負担しているのは自分たちであり、少しでもよい条件で協業を進めたいと思う気持ちは理解できる。しかし、あまりにもWinにこだわりすぎると、Win-Loseの関係に陥る。Win-WinではなくWin-Loseの関係になったとたん、Lose側はモチベーションが下がり、必ず手を抜くものだ。その結果として、Lose-Loseになってしまうのである。

その問題に気づいていち早く対策を取ったのが、アメリカのクラフトである。アライアンス・マネジャーと呼ばれる人材をCTO直下に配置し（自社とパートナーのどちらにも属さないニュートラルなポジション）、パートナーとの協業の際に、アドバイザーとして立ち会わせるのである。(注3) 彼らは、あくまでも中立的な立ち位置からやり取りを見守り、とくに相手側のモチベーション維持に気を配る。

アライアンス・マネジャーの役割は大きく2つある。1つは、コミュニケーションの透明性を高めること。大企業側は情報を秘匿したがる傾向があるが、手の内を隠しすぎると相手側は疑心暗鬼に陥り、モチベーションは下がる。あるいは、「その前提を言ってくれていればもっとよい提案ができたのに」というケースもある。そのようなことがないよう、アライアンス・マネジャーが開示できる情報の判断や提案をし、最終的に協業の成果を最大化することを優先するのである。

2つ目の役割は、仲裁役である。交渉の過程で相手が不満を抱いていそうな場合、大企業側は見て見ぬふりをしてしまいがちであるが、それをあえて表面化し、その場で解決するよう試みるのである。大企業側としてはおもしろくないかもしれないが、最終的にはそれが効果を発揮する。一見すると遠回りのように見えるが、このようなやり取りを通して相手の信頼を得られるこ

（注3）Bassa, Ivette A. February 13-15, 2012, *Codev 2012.* のプレゼンテーションを参照。

とで、プロジェクトの進展がスムーズになるのである。クラフトは、アライアンス・マネジャーの設置により、協業がうまく進み成果につながる確率が格段に上がったという。

戦略に落とし込むためには「やりながら考える」

オープン・イノベーションを本格的に導入する企業は、本章で紹介した方法論を組織的に使いこなしながら、自社の戦略として展開していくことになるが、最後に、組織的活用までのステップについて紹介したい。

おもしろいことに、組織的活用に至るオープン・イノベーション拡大のやり方には、日本企業と外資系企業で違いがあると感じている。外資系企業の場合は、新しい取り組みであるオープン・イノベーションを始めるとき、リーダーを任命（あるいは外部から雇用）し、組織をつくり、一気に大々的に始めることが多い。つまり、オープン・イノベーションをやるからには、そのために企業も投資をし、人も用意するし、組織の再編もするという考え方だ。一方、日本企業の場合は、小さく始めて経験値を蓄積し、あるいはトライ・アンド・エラーを繰り返しながら勘所をつかみ、徐々に拡大し、自分たちの使い方を確立していくケースが多い（図2-8参照）。

どちらがよいということはないが、小さく始めながら徐々に拡大していくやり方は、日本企業には受け入れられやすいかもしれない。このときの一般的な流れとしては、一部の研究所や事業部でパイロットを行い、その結果を考察しながら少しずつ活動を拡大し、スケールアップ、他部

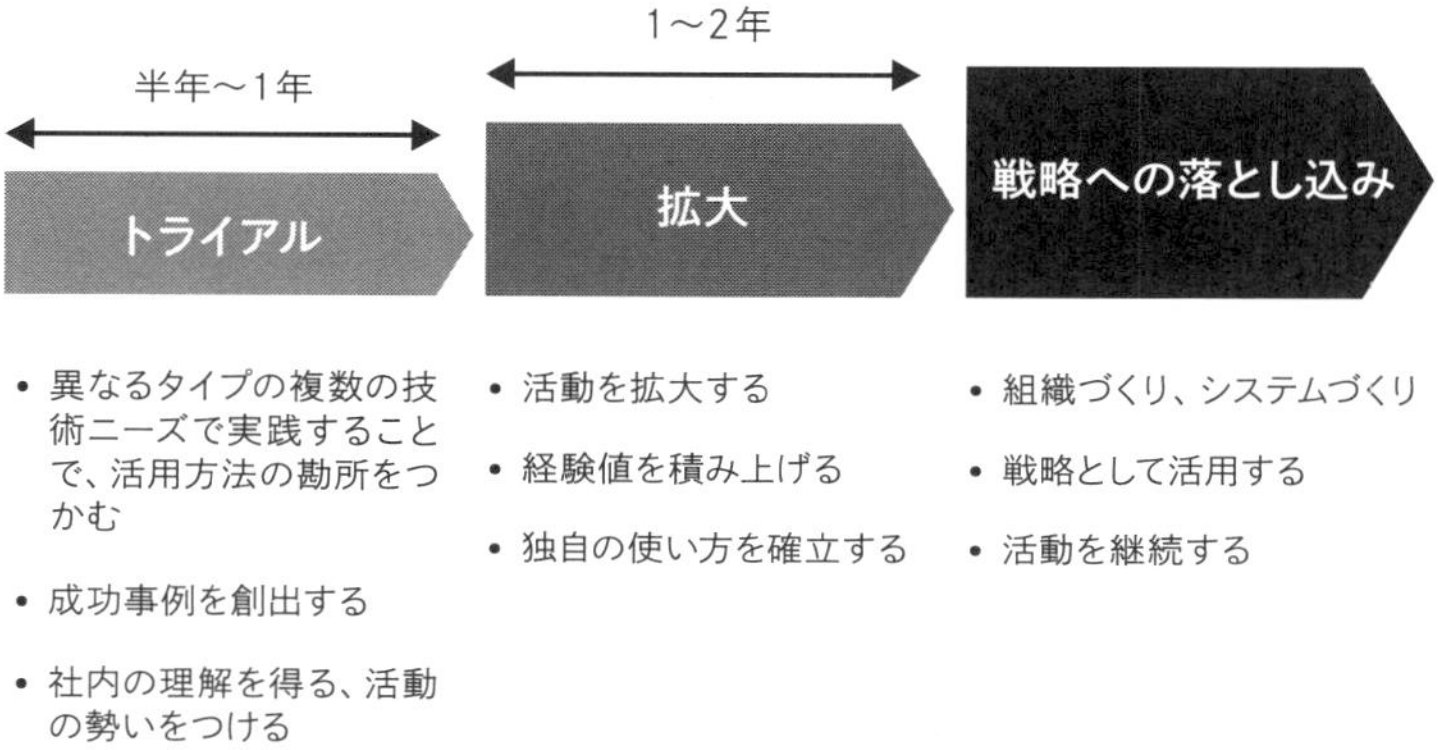
半年〜1年
1〜2年
トライアル
拡大
戦略への落とし込み
• 異なるタイプの複数の技術ニーズで実践することで、活用方法の勘所をつかむ
• 成功事例を創出する
• 社内の理解を得る、活動の勢いをつける
• 活動を拡大する
• 経験値を積み上げる
• 独自の使い方を確立する
• 組織づくり、システムづくり
• 戦略として活用する
• 活動を継続する

出典：筆者作成

図2-8 戦略への落とし込みのためのプロセス

門への展開、組織的な活動につなげるのである。はじめは研究企画部や技術企画部が推進役となり、活動を支援することが通常だ。パイロットの段階でモメンタム（勢い）をつかむことが重要なため、最初は重要なテーマで複数案件実施して成功事例をつくること、そして経験値を蓄積することに専念する。また、活動を通して自分たちの使い方を考える必要があるため、それをしっかりと評価することも重要だ。

このように規模を拡大しながらトライアルを複数回繰り返すうちに、戦略としてどう使うかという発想が芽生え、それに沿って戦略に落とし込んでいくのである。オープン・イノベーションを進めるグローバル企業が「Learn by Doing」（やりながら学ぶ）というフレーズを好んで使うが、まさに走りながら考えるのである。「わが社は『石橋を叩いて渡らない』会社だ」と自嘲気味に話す日本企業も多いが、そのカルチャーを変えるきっかけとしても、「やりながら考える」を意識してみてはどうだろうか。

繰り返しになるが、オープン・イノベーションの進め方に王道はなく、最終的には各社が独自の仕組みをつくるべきである。ただし、組織的にオープン・イノベーションを進めようとした場合、どうしても必要な要素が3つあることは、念押ししておきたい。①トップのリーダーシップ、②現場の研究者の高いモチベーション、そして、③取り組みをサポートする推進チーム、この3つがそろわない限り、活動はどこかで停滞する。

また、その活動を後押しする動力としては、何と言っても「危機感」がある。危機感のない企業にはオープン・イノベーションは実行できないし、その必要もないだろう。危機感の高い企業ほど、オープン・イノベーションは進むのである。

次章では、オープン・イノベーションに取り組む国内の先進的な企業の具体的な取り組みについて紹介する。それら3つの要素がうまくかみ合っている様子、そして、猛烈な危機感が活動のエンジンとなっている様子をご覧いただきたい。

第3章

技術の探し方を5つの実践事例で学ぶ

活動の原動力には危機感がある

オープン・イノベーションへの関心が高まるにつれ、先行企業の取り組みを断片的に耳にすることも多くなった。ただ、組織的あるいは戦略的に活動を進める個別企業の取り組みについて、その全体像を網羅する情報はなかなか入手しにくい。

一方で、オープン・イノベーションを始める際に最も参考になる情報の1つが、個別具体的な企業の取り組み事例であることはたしかだ。とくに日本企業にとっては、海外事例以上に、日本の経営環境に根差した国内企業事例から学ぶことは多い。そこで本章では、技術探索型オープン・イノベーションに関する先進的な取り組みをする国内の企業に関して、その具体的な活動内容を紹介する。

本章で紹介する内容は、オープン・イノベーションに関連するカンファレンスでのスピーチや、個別インタビューを通してまとめた、国内先進企業の取り組みである。インタビューから見えてくる各社の活動は、多くの日本企業が共感できる内容も多い。なかでもオープン・イノベーション推進に至った危機感、実行段階における苦労とそれを乗り越える工夫など、これからオープン・イノベーションを活用しようと考えている企業だけでなく、現在進行中の企業にとっても参考になるはずだ。

今回、先進事例として選出した日本企業は、東レ、味の素、大阪ガス、デンソーの4社。それぞれ、独自の考え方で活動を進めている。

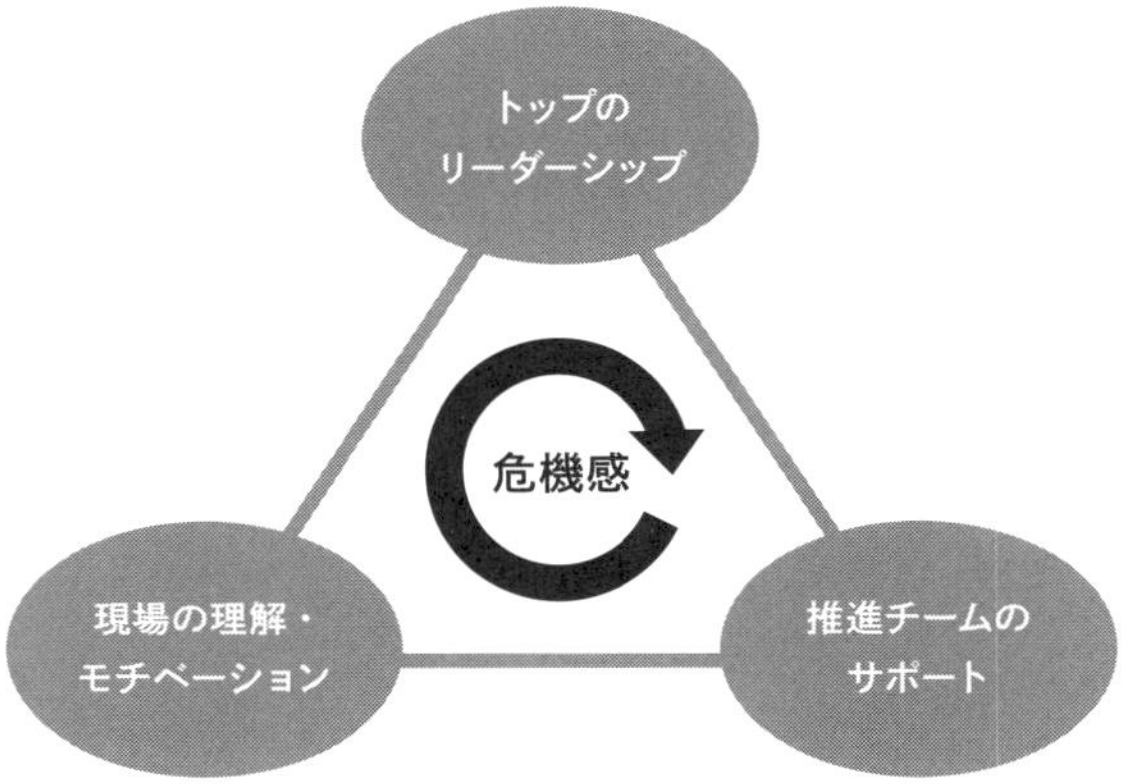

出典：筆者作成

図 3-1 オープン・イノベーションを牽引する3つの主体

前章では、オープン・イノベーションを円滑に進めるための重要な要素として、トップダウンのリーダーシップ、現場のモチベーション、そして活動を支援する推進チームのサポートが必要と説明した。ここで紹介する4社は、そのいずれかに、あるいは複数に秀でている。たとえば、東レと味の素はトップダウンのリーダーシップが際立っているし、大阪ガスは推進チームが活動をリードしている。またデンソーは、現場の研究者の並々ならぬ好奇心とモチベーションがボトムアップで活動を推し進めている。

さらに、すべてのケースで共通しているのが、活動の原動力となる「危機感」であることにも注目してほしい。赤字に転落した危機感、競合との競争による危機感、あるいは自前主義による研究開発の硬直化に対する危機感など、活動を牽引する危機感もさまざまだ

表 3-1　4社の活動の特徴ときっかけ

企業	業界	活動の特徴	活動のきっかけ
東レ	素材	トップみずからが社内へのコミュニケーションを徹底して行う、コミュニケーション重視のリーダーシップ	• 2002年度の史上初の赤字決算（単独） • 自前主義による研究開発の硬直化
味の素	食品、ファインケミカル	トップがみずから活動をリードし、かつ組織体制を構築して進める全社的活動	• ストレッチした成長目標 • 2008年度の赤字決算
大阪ガス	エネルギー	社員を鼓舞しながら活動を推し進める、推進チームによるリーダーシップ	• 「オール電化」の拡大で高まる危機感 • クローズドな研究開発の限界
デンソー	自動車	モチベーションと好奇心が強い現場研究者のボトムアップの活動	• 将来のテーマづくりの必要性 • 研究開発硬直化に対する危機感

出典：筆者作成

（表3－1参照）。

一方で、順調に進んでいるように見えるこれらのケースにおいても、現場レベルでは相当な苦労を強いられている。とくに社内の「自前主義」カルチャー変革の苦労や、結果に結び付けるための推進チームの努力など、裏側のストーリーに学べる点は多い。

たかだか10数年しかないオープン・イノベーションの歴史においては、まだ確立された方法論は存在せず、どのスタイルがよいなどの議論は意味をなさない。読み手によって心に響く部分に違いがあると思われるため、4社それぞれの進め方を参考に、今後の活動展開にうまく役立ててほしい。

また本章の最後には、医薬品業界におけるオープン・イノベーションの取り組みを紹介する。オープン・イノベーションが非常に活発な医薬品業界で、どのような活動が行われているのか。そして、その背景には何があるのか。業界全体としての大きな動きが特徴のため、ここではあえて個別企業にフォーカスせず、業界としてのトレンドを解説する。

今後、遅かれ早かれ他の業界でも起こると思われる業界再編やグローバル競争激化のなかで、オープン・イノベーションがどのように機能するのかを理解いただきたい。

トップの発信力で自前主義から脱却（東レ）

２００２年、東レは創業以来はじめて単体で赤字に転落した。その結果、抜本的な戦略の見直しを行い、猛烈な危機感とともにオープン・イノベーションを推進している。自前主義が根付いたカルチャーを打開するために、研究開発戦略を見直し、「自前主義からの脱却」を図っている。

東レのオープン・イノベーションの特徴は、リスクを恐れずに新しい試みにチャレンジしては、その結果を冷静に判断し、方向修正を加えることを繰り返して、独自の方法論の確立に成功したことだ。オープン・イノベーションを１つの仕組みととらえ、工夫しながらクリエイティブに使いこなす姿勢に注目したい。

「自前主義からの脱却」で再建を目指す

非常に自前主義の強い会社であった東レが、研究開発のあり方を大きく変えたのは、２００２年３月期に赤字（単体）に転落したことがきっかけだった。前田勝之助会長（当時）が「このままでは、会社はいつ潰れるのか」と財務担当役員に聞いたところ、「２年９カ月後」という回答が返ってきた。当時、東レは大変な危機意識を持ち、経営陣はただちに経営改革に乗り出した。

歴史をさかのぼれば、大阪工業試験所からの炭素繊維製造技術の導入やボーイング向けの炭素繊維開発、デュポンからのナイロン製造技術の導入など、大企業との連携で多くの製品開発を成功させていた経緯もある。社外連携の有効性を認識していたマネジメント層にとって、自前主義偏重に対する危機感は強く、これを機会に大きな変換を試みたのである。「いつの間にか根付いてしまった自前主義を何とかしなければいけないと考え、研究開発のやり方を根底から変えた。1つの企業だけで大きな仕事ができる時代は終わり、これからは融合の時代と考えた結果だ」と、代表取締役副社長の阿部晃一氏は語る。

赤字決算直後の2002年4月に発表した中期経営計画では、早くも、研究開発戦略のなかに「自前主義からの脱却」というフレーズを掲げた。「基礎研究から開発まで、すべてを社内で完結し、それをブラックボックス化することこそ東レの強みである、との考えが一般的だった」と社員が言うほど自前主義が強かった東レでは、全社を挙げた意識改革が進められる。社長をはじめ、役員や研究のトップが何度も各工場や研究所を訪れ、管理職はもちろん、現場の社員に粘り強く語りかけて、研究開発を含めた全社の方針転換を説明した。「タコつぼ研究を止めて、スピードを意識してほしい」というメッセージを何度も繰り返し投げかけたという。研究開発の管理職が集まる合宿で、「社外組織との連携を進めるべきか」というテーマで徹底的に語り合ったこともあった。

それと並行して、社長がみずからの姿勢でも覚悟を示した。ユニクロやサムスングループとの連携を積極的に進め、それをメディアで発表することで、生まれ変わった東レをアピールしたのである。東レでオープン・イノベーション推進をリードする尾関雄治氏は当時を振り返り、「メディアを通して他社との連携の動きが伝わってくるたびに、社員は会社の社外連携への本気度を感じた」と話す。

その後、2004年の研究開発戦略では「連携・融合の強化」を掲げ、具体的な社外連携に乗り出した。まずは研究開発系の独立行政法人や主要国立大学と一緒に、ニーズとシーズのディスカッションをすることから始めた。また、トップがリードする企業連携も継続。顧客となる自動車、電機メーカーだけでなく、競合となりうる化学会社とも積極的に連携の可能性を模索し、共同研究を立ち上げたのだった。

そして、2006年の研究開発戦略では「革新的研究への挑戦」と銘打ち、これまでの積み上げ型の発想に加え、長期的な視

	2002年	2004年	2006年	2011年
中期経営課題	体質強化・守りの経営	攻めの経営	革新と創造の経営	革新と攻めの経営
研究開発戦略	自前主義からの脱却 ① 基本姿勢の改革 ② テーマの改革 ③ 人・組織の改革	連携・融合の強化 ① スピードアップ ② テーマ創出力強化 ③ 固有技術創出	革新的研究への挑戦 ① 戦略的重点化 ② 独創的固有技術の創出 など	

出典：東レ発表資料より筆者作成

図 3-2 東レの中期経営課題と研究開発戦略

点に立ったテーマづくりも行う方針を掲げた。短期的で顧客のニーズに応えるだけのテーマではなく、将来、東レがリードできるような高い目標を掲げてテーマをつくろうと考えたのだ。新しいことを始める際に足りないものがあれば、外の力も活用しようとの想いが強く、東レのオープン・イノベーションはこの頃から急加速したと言えるであろう。

4つの形態でオープン・イノベーションを実施

東レが進めるオープン・イノベーションを具体的に見ると、表3-2のような形態に分類される。なかでも、とくにユニークな取り組みである、③オープン・イノベーション拠点、④技術スカウティングに関して、活動の詳細を紹介する。

オープン・イノベーション拠点

東レでは、地球規模の課題に対するソリューション創出のための拠点として、A&Aセンター(自動車・航空機開発拠点)とE&Eセンター(環境・エネルギー開発拠点)が、それぞれ2009年、2011年に設立された。

これらは「サプライチェーンのなかで、最終製品の企画設計段階から顧客と連携して、問題解決のためのソリューションを創出する」ことを目的としている。素材メーカーが陥りがちな、自分たちの素材・技術を前提とした積み上げ型のビジネス展開ではなく、最終ユーザーのニーズを

表 3-2 東レが実施するオープン・イノベーション4つの形態

形態	概要
①特定の大企業との連携	以前より、ボーイングとの炭素繊維開発、デュポンからのナイロン製造技術の導入など、一部の企業との連携を積極的に行っていたが、それを積極的に国内でも展開。ユニクロとの戦略的パートナーシップによるヒートテック開発のように、トップ同士で連携を進める。2000年以降、自動車、エレクトロニクス、化学など、さまざまな企業と連携を開始
②政府・大学との連携	重点的に注力する技術領域で将来の技術を育成する際に、政府・大学との連携を積極的に行う。重点注力領域とは、①情報・通信・エレクトロニクス、②自動車・航空機、③ライフサイエンス、④環境・水・エネルギー 例）内閣府主導のFIRSTプログラムでは、「メガトンウォーターシステム」とのテーマで東レがリードして企業や大学をまき込み垂直連携
③オープン・イノベーション拠点	地球規模の課題に対するソリューション創出のための拠点開設。最終製品の企画・設計段階から、顧客と連携して問題解決のためのソリューションを創出するオープンラボ。A&Aセンター（自動車・航空機開発拠点）、E&Eセンター（環境・エネルギー開発拠点）の2つがある
④技術スカウティング	自社のみでは解決が困難な技術課題に対して、世界中の研究者、技術者に打診し、最適な解決策を求める。課題のタイプに応じて技術仲介業を使い分ける

出典：東レ発表資料より筆者作成

把握したうえで、それに合わせて素材を開発していくという、それまでとは異なる開発の手法を本格化した結果でもある。

A&Aセンターは、滋賀・愛媛・名古屋の各事業場・工場に分散していた自動車・航空機用途向け先端材料の開発拠点を、1か所に集約して効率化するために名古屋に設立された。将来の材料を創出するために、東レの研究者が日常的に研究しており、状況に応じてオープンラボ形式でパートナー企業と一緒に試作や評価を行う。5～10年先を見越した将来の自動車や航空機の材料を一から研究するのである。

たとえば、次世代型自動車用のCFRP（炭素繊維強化プラスチック）や、航空機の垂直尾翼に使用される素材の開発などを行っている。自動車や航空機産業が盛んな名古屋に立地しており、それらの産業に関連する企業からの来訪で、稼働率は極めて高い。軽量化に悩む自動車メーカーの駆け込み寺にもなっている。

昨今、素材メーカーは、これまでのように「つくったものを売る」という素材売りのビジネスから、市場のニーズに合わせて「売れるものをつくる」というビジネスにシフトしている。マーケットとモノづくりをいかに近づけるかに悩む企業も多いが、このようなオープン・イノベーション拠点という発想が、その解決策の1つになるのかもしれない。

技術スカウティング

オープン・イノベーション拠点では、地球規模の課題に対するソリューション創出を目的としていたが、研究開発上の個別具体的な課題に関しては、技術スカウティング活動によって社外の優れた技術を探索する。

技術スカウティングの際に使う探索システムにはいくつか種類があり、東レは、テーマの性格に応じてそれを使い分けている。たとえば、試作や加工を請け負ってくれる国内の中小企業を探すときには、地方の金融機関が行う技術マッチングサービスを利用している。一方、高難度な課題に対して世界中から技術を集める場合には、グローバルにネットワークを持つ仲介業を利用している。仲介業のなかには、ソーシャル・ネットワークを利用するものもあれば、ウェブサイトやメールを使って技術を集めるものもあり、その都度オープン・イノベーション推進チームが、最適な手法を選択しているという。

技術スカウティングにおいて、トライ・アンド・エラーを繰り返し、独自のやり方を築き上げている方法論が非常に特徴的なので、ここで紹介したい。

オープン・イノベーションを実践する際に、誰もが必ずと言ってよいほど悩むのは、「どのような技術課題（ニーズ）でオープン・イノベーションを行うか」である。東レは、技術スカウティング活動の初期に、テーマのタイプにばらつきを与えて、3つ（A～C）の技術課題で技術探索を試みた。つまり、性格の異なる技術課題をあえて選び、仲介業を通して世界中から技術を求めることで反応の違いを確認し、今後の活動のためのヒントとしたのである。

A：　コア技術とそれを支える周辺技術に関して東レが強みを持ち、不足している一部の周辺技術を求める。

B：コア技術に関しては東レが強みを持つが、周辺技術には強みがないテーマにおいて、周辺技術を求める。

C：東レには強いコア技術も周辺技術もないテーマで、コア技術そのものを求める。

トライアルの結果から、東レは以下のように結論付けている。

「A：コア技術とそれを支える周辺技術に関して東レが強みを持ち、不足している一部の周辺技術を求める場合に、最もオープン・イノベーションが効果を発揮する」

詳細は表3-3に記載するが、コア技術と周辺技術に強みがあり、不足する周辺技術を求めるテーマであれば、求める技術が非常に具体的であり、東レの意図が読み手に伝わりやすい。また読み手にとっても、相手が強いコア技術を持っていることがわかるため、しっかり提案を評価してもらえると感じるし、うまくいった場合のインパクトも理解できるので提案するモチベーションが上がる。たとえば、自社の持つ高機能材料を加工する技術、あるいは製品に紛れ込んだ異物を検査する技術などは典型的なAの例である。

一例を挙げる。図3-3は、2012年に東レが行った技術募集である。スマートフォンなどのタッチパネルに指紋が付着しないようにするためのコーティング技術を求めた。東レはすでにフィルムというコア技術を持っていたが、そのフィルムの付加価値を高めるために、耐指紋コーティング技術を求めたのである。この場合、コア技術がフィルム技術、周辺技術が耐指紋コー

表 3-3 異なるテーマで実施したトライアルの結果

	テーマのタイプ	イメージ	トライアルの結果	オープン・イノベーションとの親和性
A	コア技術とそれを支える周辺技術に関して東レが強みを持ち、一部の周辺技術が不足している	弱い 周辺技術 強い コア技術 強い 周辺技術	• 求める技術が明確で、読み手に課題が伝わりやすい。そのため、提案者もモチベーションが上がる • 届いた提案を東レがしっかりと評価できる	• 高い • 質の高い提案が集まる
B	コア技術には東レが強みを持つが、周辺技術には強みはない	弱い 周辺技術 強い コア技術	• 求める技術が広すぎて、本当に欲しい技術が何なのか、読み手に伝わりにくい • 東レに専門性がないため、提案された技術を評価できない	• 低い • 提案の数は多いが、東レが受け入れられない
C	東レには強いコア技術も周辺技術もない	弱い 周辺技術 弱い コア技術	• コア技術そのものを求めても、提案は来ない • 何も技術を持たない企業に、提案するモチベーションはわかない	• 低い • 提案が届かない

出典：東レ発表資料より筆者作成

革新的な耐指紋コーティング技術募集

求める技術要件

- 透明性：平行線透過率88%以上
- 光沢性：60°光沢度130%以上
- 耐指紋性：
  - オレイン酸の後退接触角75°以上
  - 皮脂の多い指紋を付着した場合に容易に拭き取れること
- 製造プロセス：プラスチックフィルム上にコーティングできること
- 安全性：人体に明らかに有害な材料を使用しないこと

出典：ナインシグマ・ジャパン資料より筆者作成

図3-3 東レの「耐指紋コーティング技術」の募集

ティング技術となる。

このケースでは、耐指紋コーティング技術に関して、東レ自身も相当な研究を行っていたため、何をクリアすべきかを明確に理解している。募集要項中で要求している「透明性」や「光沢性」のレベルを見れば、東レがこの技術に本格的に取り組んでいることは明らかだ。このような募集であれば、提案技術の価値を掘り下げて評価できるため、躊躇なくブレークスルー技術の発掘に挑めるのである。

東レの尾関氏は、次のように語る。

「自分たちのコア技術は徹底的に極限を追求しており、研究者達にも世界一との自負がある。そのコア技術をさらに強くするために、不足している周辺技術を求めて取り込むことで、コアがさらに磨きこまれる」

匿名募集と実名募集を使い分ける

東レは、仲介業を使った技術募集も積極的に行っている。仲介業を使う場合、募集主体の名前を開示せずに募集ができるというメリットがある。自分たちが「どんな技術を必要としているか」という情報は、裏を返せば「将来、何をしようと考えているのか」という、戦略の漏えいにつながりかねない。そのため、多くの企業が匿名で技術募集を行っている。

ただし東レは、戦略漏えいのリスクが限定的な場合、積極的に名前を開示して技術募集を行う珍しい企業でもある。名前を隠すよりも開示したほうが、提案者のモチベーションが上がるのではないかと考えているからだ。

かつては他社同様、社名非開示で技術募集を行っていたが、試験的に社名を開示して技術募集を行ってみたところ、的を射た提案が多数届くという経験をした。提案してきた組織に、「なぜこの募集に提案したのか」と聞いたところ、「募集主体の名前が開示されていたから」という回答が予想以上に多かったのだ。「組織と組織の連携である以上、こちらも正々堂々と顔を出して技術を求めたほうが、相手に対しても想いが伝わる」と考えた東レは、その後、戦略漏えいのリスクが限定的な場合には、仲介業を使うケースでも、積極的に名前を開示して技術募集を行うこととしている。

たとえば表3-4の技術募集は、2012年以降、東レが社名を開示して行った技術募集の例である。言い換えると、このレベルの技術募集であれば、東レの募集だと知られてもリスクは少ないと判断した結果である。

東レは、技術課題選定の考え方、自社名開示の考え方以外にもさまざまなトライをしては改善を繰り返し、いまも進化を続けている。実体験を踏まえて導き出したその理論には説得力がある。

トップの発信が社員を本気にさせる

東レのオープン・イノベーションはスムーズに進んでいるように見えるが、その背後には、推進担当の苦労が見え隠れする。

2006年に、技術スカウティング活動の推進担当に任命された尾関氏は、当時を次のように振り返る。

「まだ世の中では、オープン・イノベーションという考えがほとんど認知されておらず、最初はどう取り組んだらよいのかわからな

表3-4　仲介業を利用した東レの技術募集例

タイトル	概要
サブスタンスP/グルタミン酸のin-vivoイメージング技術	鎮痛剤の開発に利用することを目的に、痛覚の伝達物質として代表的なサブスタンスPまたはグルタミン酸の量的変動をin-vivoで可視化する技術を求める
カルシウム蛍光指示分子の成獣神経組織への導入、または発現	複雑な神経回路を形成する成獣の神経活動を可視化するために、カルシウム蛍光指示分子を成獣の神経組織に導入する技術を求める
ポリマー間の反応量を定量化する技術	ナイロン6と反応性ポリオレフィン（エチレン-メタクリル酸グリシジル）の反応量を定量化する技術を求める

出典：ナインシグマ・ジャパン資料より筆者作成

かったので、走りながら考えるしかなかった。これまで付き合ったことのない組織と連携するということがどういうものなのか、実施してみるまではイメージできなかった。

有望な組織が見つかり、何とか両者の橋渡しをしようと自分が頑張っても、東レの研究者が前向きにならないと話は進まない。研究者は、自分でやりたいという想いも強いので、どうしても外部の技術にアレルギーを感じる面がある。結局、自分が板挟みになってしまい、オープン・イノベーションの難しさを肌で感じた。活動が軌道に乗るまでは本当に苦しかった」

いまでも、「継続しないとすぐに自前主義に戻ってしまう。地道に教育するしかない」という考えのもと、研究所のキーマンが集まる会議等でオープン・イノベーションの重要性を発表しながら、研究者のマインドセットを変える取り組みを継続している。また過去の事例を紹介し、難しいテーマも世界中に投げかけることで解決策が出てくるということを伝えている。結果として、オープン・イノベーションを活用するテーマの質は向上し、それにともない良好な結果も出やすくなったという。

尾関氏は、オープン・イノベーションの成果として次の2つを挙げている。

① 滞っていた研究開発がふたたび動き出し、次のステップに進むこと。
② 社外組織とのコミュニケーションを通して、研究者が成長すること。

成果に関しては、「研究開発は、どこかのステップで技術的・事業的な壁にぶつかり、中断あるいは中止となるテーマもある。技術的に有効な解が社内に見つからず、停滞しているテーマにブレークスルーを起こさせるには、社外技術の活用は有効。実際、オープン・イノベーションを活用したテーマは、活用しなかった場合よりも前に進む確率が高い」と語る。

そして、尾関氏が感じるもう1つの成果が、人材育成である。

「これまで内にこもっていた研究者が、オープン・イノベーションの仕組みを通して社外、とくに海外の研究者とやり合うこと自体が大きな前進だ。タコつぼ化されたなかで心地よく研究していた者にとっては、外国の研究者とメールをやり取りすることすらはじめての経験ということもある。悩んだり、落ち込んだりしながらも、海外の研究者と一歩一歩交渉を進める経験は、彼らを大きく成長させる。グローバル化が避けられない日本において、研究者のあるべき姿がそこにあるのではないか」

最後に、オープン・イノベーションをうまく進めるための秘訣を質問したところ、「研究者一人ひとりのマインドセットと、トップのコミットメント」という答えが返ってきた。「オープン・イノベーションはあくまでも研究者が主役であり、彼らがその気にならないとうまく進まない」と話すように、研究者それぞれのモチベーションを重視しているという。また、技術や研究のトップみずからが率先してオープン・イノベーションをリードする姿勢は、何よりも活動を後押ししているという。

積極的に社内外にメッセージを送り活動を鼓舞することは、トップにしかできない。また、トップが言うのだから変わらなければいけないと社員は考え、活動が活発化する。オープン・イノベーションは、新規事業と同様の取り組みであり、決して片手間で行うものではない。全社一丸となって進めるべきものである。

その結果を左右する重要な要素の1つが、東レで実施されているようなトップのリーダーシップなのである。

Case2

社長みずからが組織をつくる（味の素）

味の素によるオープン・イノベーションの最大の特徴は、社長みずからがオープン・イノベーションの重要性を内外に発信するトップダウン型の推進体制だ。オープン・イノベーションを成功させる重要な要素として、積極的に展開する企業には「トップ・マネジメントが旗を振る」という共通認識がある。これはグローバルに共通している。味の素は、それを実践している日本では数少ない企業の1つである。オープン・イノベーションのリーダーに常務が任命され、さらにオープン・イノベーション推進チームに専任メンバー2名を充てるなど、本格的な推進体制を構築しているのも大きな特徴である。

研究開発部門の改革にとどまらず、長期的には人材や事業そのものに至るまでオープン・イノベーションを活用するという計画のもと、積極的に活動を続ける同社の取り組みを紹介する。

グローバルで勝ち抜くための変化

2011年からの中期経営計画で「地球規模で成長し続ける、確かなグローバルカンパニーになる」という目標を掲げた味の素は、グローバル競争で勝ち抜くことを意識して、思い切りストレッチした高い目標を設定した。年平均10％の成長を前提とし、２０１６年にはＲＯＥ（株主資本収益率）10％、営業利益率８％、営業利益１０００億円超、海外利益比率75％を達成するという高い目標を立てたのである。

あえて既存の成長ペースの延長では達成できないような挑戦的なプランを課し、発想の転換を促しながら、抜本的な研究開発の改革を進めている。その背景には、２００９年3月期に赤字に転落したことによる猛烈な危機感があった。

目標を掲げた時点で、社長をはじめ、役員の総意として「この目標を実現するには自分たちだけではできない。オープン・イノベーションを活用しよう」という発想に自然となった。つまり、高い目標を達成するためには外部との連携が不可欠であり、ゴールから逆算することで、自然にオープン・イノベーションの発想につながったのである。

実際に、中期経営計画の「外部資源の活用」という項目のなかで、「飛躍的な成長に向けて、オープン・イノベーションやアライアンス、M＆Aを機動的に活用」という言葉を明記している。つまり、オープン・イノベーションを使って、グローバルカンパニーへの基盤づくりを実現するという方針を立てたのである。これは、味の素において「オープン・イノベーション」という言葉が表に出たはじめての計画だった。

味の素の発祥は、１００年以上前にさかのぼる。東京大学の池田菊苗教授が昆布だしから発見した「うまみ」を事業化するために、実業家の鈴木三郎助と一緒に設立したのが前身だ。会社設立そのものが、いまで言う産学連携のさきがけであった。ベンチャーとして出発した企業であることを誇り、新しいことにチャレンジするカルチャーは健在であり、オープン・イノベーション戦略に行きついたのだ。

本格的な組織をつくり上げる

味の素の活動における最大の特徴が、国内企業としては類を見ない本格的な組織構成である。「新しいパラダイムのなかで生き残るには、本気度が必要。オープン・イノベーションにもしっかり経営資源を割こう」と、先述の通り、常務をオープン・イノベーション担当に任命し、その傘下にオープン・イノベーション推進チームを設置する、本格的な布陣にした。オープン・イノベーション活動が社長を含む経営会議に直結しているという例は、海外を見渡してもそう多くはない（図3-4参照）。

活動のキーマンはオープン・イノベーション担

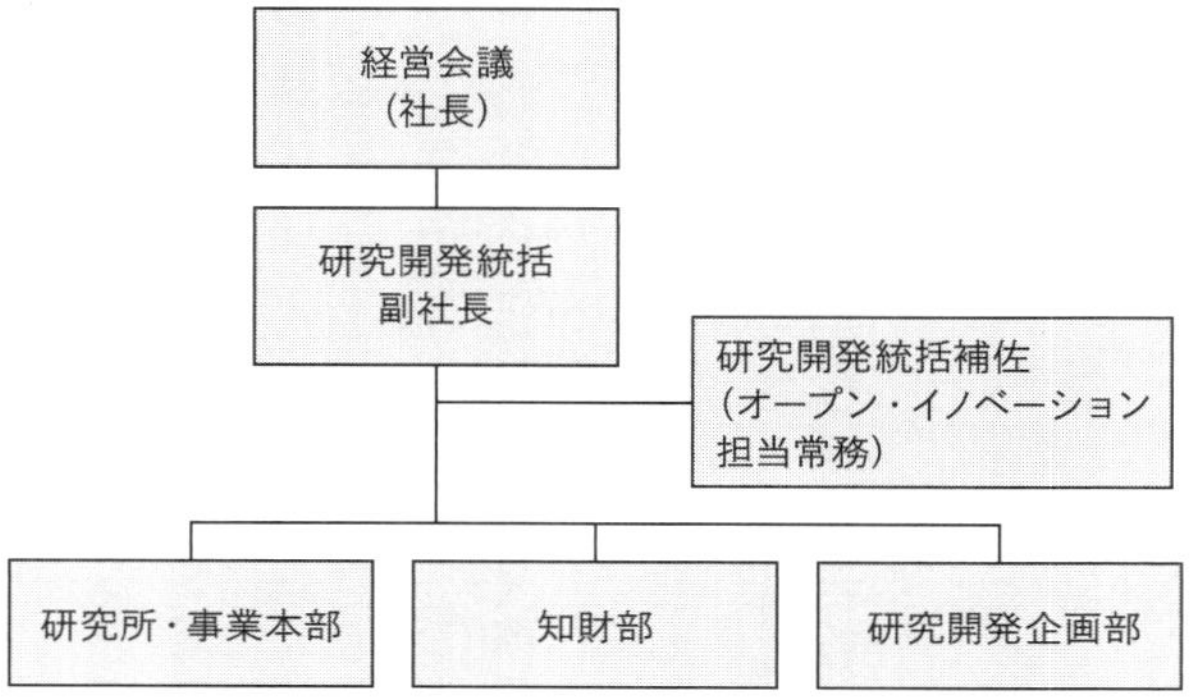

出典：味の素発表資料より筆者作成

図3-4　味の素の特徴的な組織構成

当常務である。社長、副社長のサポートを得ながら全権を持って活動を推進する。オープン・イノベーション推進チームは、研究開発企画部にある総合戦略グループである。専任2名に加え、バイオファイン担当、食品担当など、分野ごとに兼任メンバーを加えた7、8名で構成。オープン・イノベーションを実施するテーマの発掘や、社外企業とのコミュニケーションの支援を行う。

とくに重要なミッションが、社内の啓蒙活動だ。「社内をしつこく回りながら、意識改革を粘り強く行っている」と、オープン・イノベーション推進リーダーの尾道一哉氏は語る。「オープン・イノベーションは人によってとらえ方がばらばらなので、理解しやすいよう、ブレイクダウンしてコミュニケートするように心がけている」。実際、メッセージが具体的なところも味の素の特徴の1つである。広義のオープン・

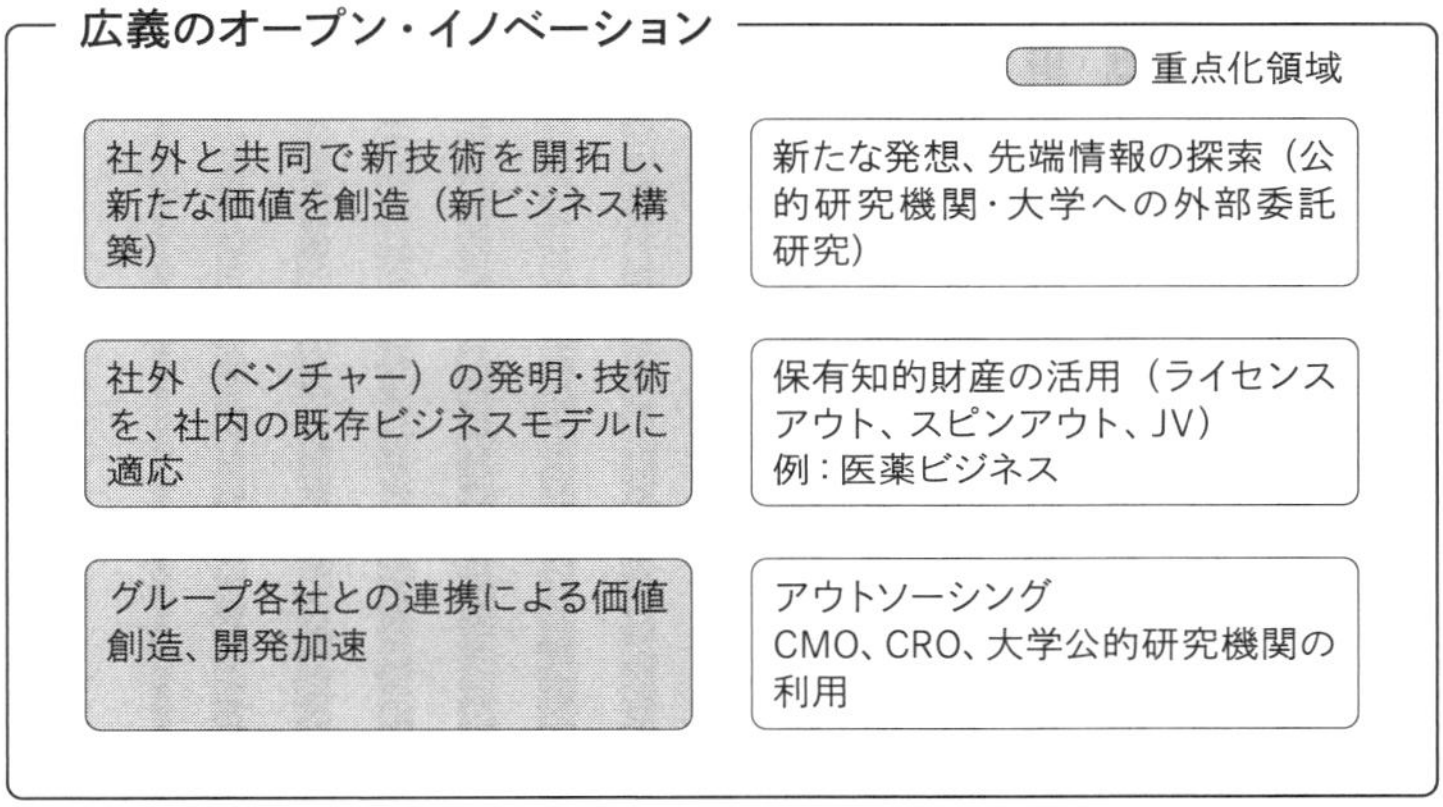
広義のオープン・イノベーション
重点化領域
社外と共同で新技術を開拓し、新たな価値を創造（新ビジネス構築）
新たな発想、先端情報の探索（公的研究機関・大学への外部委託研究）
社外（ベンチャー）の発明・技術を、社内の既存ビジネスモデルに適応
保有知的財産の活用（ライセンスアウト、スピンアウト、JV）
例：医薬ビジネス
グループ各社との連携による価値創造、開発加速
アウトソーシング
CMO、CRO、大学公的研究機関の利用
出典：味の素発表資料より筆者作成

図 3-5　オープン・イノベーションにおける重点化領域

表 3-5 | 味の素のオープン・イノベーションの使い分け

社外連携のスタイル	対象とする社外技術	概要
①トップ外交	大企業	コンシューマーグッズフォーラムなど、グローバルなトップの集まりで、社長みずからがハイレベルで戦略的な関係構築を行う 例）DSM社やケロッグ社との提携
②国プロ・産学官コンソーシアム	大学、研究所	一企業では対応が難しい重要な技術に関して、国家プロジェクトや産学官連携を活用して技術を確立する 例）蜘蛛の糸を人工的に再現するための遺伝子デザイン、健康状態をモニタリングする「アミノインデックス」
③自社単独の技術募集	海外の研究者（おもにアミノ酸に関わる、医療やバイオテクノロジー領域）	例）Ajinomoto Innovation Alliance Program（AIAP）と呼ばれる自社公募が2013年からスタート（前身は、Ajinomoto Amino Acid Research Program（3ARP））。味の素に必要な技術を世界中から募る
④技術仲介業やVCを使った技術探索	異分野も含めた、世界中の中小・ベンチャー企業、大学、研究所、大企業	自社単独では探すことができない、重要かつ高難度な技術課題の探索

出典：味の素発表資料より筆者作成

イノベーションのなかで、味の素がフォーカスすべき重点領域を明確に決定（図3-5参照）しているのだ。

なお、オープン・イノベーション推進の費用として年間「億の単位」の予算を準備し、調査費用や協業初期の費用などは推進チームが補助し、本格的な協業が始まると担当部門が予算を受け持つという役割分担をしている。

社外組織との連携手法としては、表3-5の通り、複数の手法に分かれる。①社長を含めたトップ外交、②国プロ・産学官コンソーシアム、③自社単独の技術募集、④技術仲介業やVC（ベンチャーキャピタル）を使った技術探索の4つがある。それぞれの概要は以下の通りだ。

① トップ外交

ハイレベルで戦略的な関係構築を大企業と一緒に行う際には、トップ外交で話を決める。「ザ・コンシューマー・グッズ・フォーラム」など、世界中のトップ・マネジメントが集まる会議などを利用し、コミュニケーションをはかるのである。

たとえばオランダの化学会社DSMや、アメリカのケロッグとの提携はその一例だ。また2012年の上半期だけで、東レ、花王、ブリヂストンといった業種の異なる国内大企業との提携を決めた。東レと取り組むのは植物原料からナイロンをつくる共同研究、花王とは健康診断による生活習慣病予防などの共同事業、ブリヂストンとは植物由来の合成ゴムの共同開発で、いずれも1909年の創業以来、味の素が研究を続けてきたアミノ酸や発酵などの先端バイオ技術が役立つと考えたうえでの提携だ。「東レ、花王、ブリヂストンのそれぞれの優れた研究技術、科学的知見と、味の素の技術とを組み合わせることで、グローバルに広がる新たな道が開けるはず」と、伊藤雅俊社長みずからがコメントしている。(注1)

② 国プロ・産学官コンソーシアム

国プロ・産学官コンソーシアムは、一企業では難しい大きな枠組みでの技術確立の際に活用する。たとえば、蜘蛛の糸のような細くて強靭な繊維をつくるための、高機能遺伝子のデザインのように、ハードルが高いものは国プロ（国家プロジェクト）で行う。また、自分で血液の状態をモニタリングすることで健康状態をモニタリングする「アミノインデックス」のような壮大なテーマは、産学官で連携しながらインキュベートすることから始めている。

③ 自社単独の技術募集

単独による技術探索に関しては、2013年より、AIAP（Ajinomoto Innovation Alliance Program）と呼ばれる自社公募がスタートしている。「世の中からおもしろいテーマを募る」ことを目的として、有望技術に関しては研究費を2000～3000万円付けて、アミノ酸やその他の重点領域に関わる技術を世界中から募る（図3-6参照）。

味の素は、2005年から2012年まで、国・地域を問わず、より多くの研究者に生理・薬理研究に取り組んでもらえるよう、年間200万ドル（約2億円）の研究助成プログラム3AR

（注1）日本経済新聞、2012年7月23日、「技術交流の盛んな日本を始めよう　味の素・伊藤雅俊社長」、http://www.nikkei.com/article/DGXNASGF17020_X10C12A7TBU000/を参照。

P（Ajinomoto Amino Acid Research Program）を実施し、毎年数十カ国から数百件の提案を集めていた。それを改良して、新しいプログラムとしたものがＡＩＡＰである。

２０１３年の募集要項を見ると、食、バイオサイエンス、ファインケミカルズ、ヘルスケア、栄養と領域が対象となっていることがわかる。『ネイチャー』や『サイエンス』などの科学専門誌にも広告を出しながら、医学、獣医学、薬理学、生理学などの研究者から提案を募っている。

④ 仲介業やＶＣを使った技術探索

技術仲介業やＶＣを使った技術募集は、自社単独では探すことができない、重要かつ高難度な技術課題の解決に活用する。とくに海外や異分野といった、自社のネットワークの外部から技術を探す場合に有効だという。

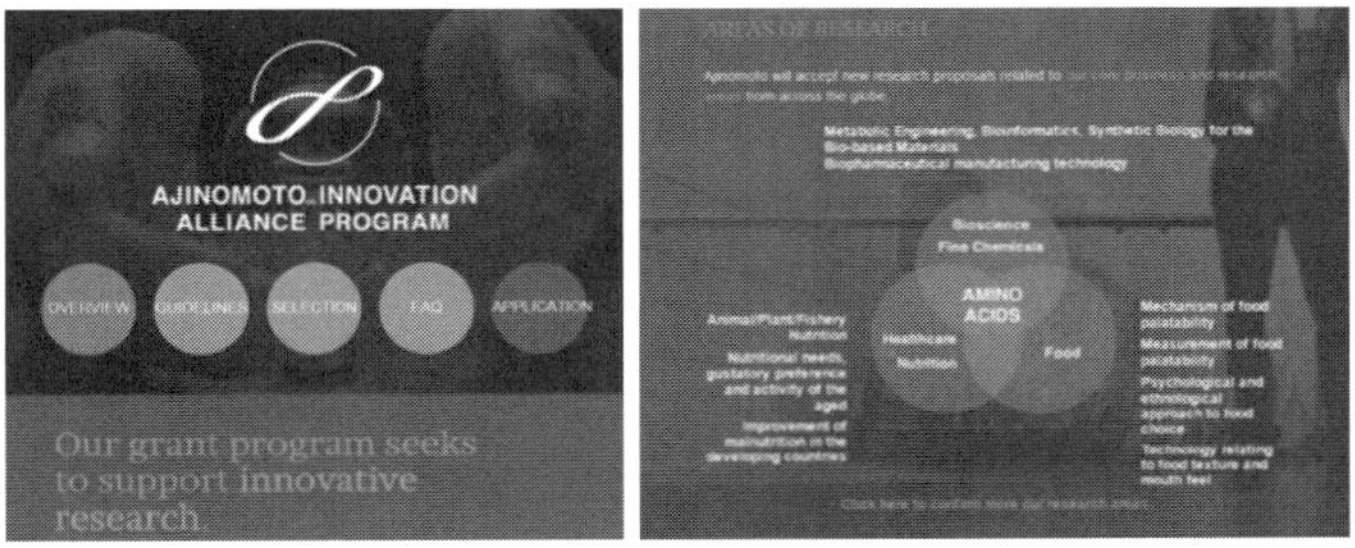

公募領域：当社の事業戦略に合致する研究領域
実施機関：2013年4月1日～
採用件数：3件／年
研究費：10万ドル／年　研究機関は最大２年

出典：味の素発表資料より筆者作成

図 3-6 | AIAPを通じた募集内容

「世界にはこういう技術があるのではないか」と具体的にイメージを持っているモノに対しては有効であり、明確にAIAPとの棲み分けをしているようだ。

このように、複数のオープン・イノベーション手法を使い分けているのも味の素の特徴だ。

戦略的提携で順調に成果を生み出す

味の素は、オープン・イノベーションにおいて着実に成果を積み上げている。

大企業との連携には、得意の醗酵技術を活用した東レとの提携のケースがある。味の素の醗酵技術と東レの重合技術を組み合わせることで、バイオベースナイロン（絹のような肌触りの56ナイロン）を開発し、製品化に向けて研究を続けている。またブリヂストンとは、味の素がバイオマスからつくるイソプレンを中間材料とし、ブリヂストンの重合技術と組み合わせ、天然ゴムに近い合成ゴムの製造に成功。今後、タイヤへの応用を進める。

産学連携の成功例としては、iPS細胞用の培地開発のケースがある。味の素のバイオファイン技術と京都大学、慶應義塾大学の技術を組み合わせて、iPS細胞用の培地（StemFit）の開発に成功した。再生医療の周辺産業技術のなかで、培地のような消耗品類（培地、血清、試薬）は最大の市場であり、2030年には1兆円に到達すると予想されている。大学の技術を利用することにより、今後急拡大するマーケットに先に手を打った形である。

味の素は、中小企業との連携でも成果を上げている。血中アミノ酸濃度から病気を診断する解析サービスの「アミノインデックス」では、採取した血液サンプルの鮮度を保つために、サンプルを長時間にわたり冷却保存しなければならない。しかし、保冷材では6時間が上限であったため、出張検診でも使える12時間の冷却保存が必要とされていた。そこで、一定の低温で12時間以上保存できる容器として開発したのが「キューブクーラー」である。これは、相模原にあるカノウ冷機の技術を採用して実現している。

中小企業との例をもう1つ紹介する。遺伝子関連の実験の際は、遺伝子を両生類の卵に打ち込むことができる、極めて細い注射針が必要とされる。そのレベルの極細針の製造には高度な金属加工技術が求められた。しかし、当時の味の素にはそのような技術がなく、社外の技術を探したところ、大田区の中小企業が技術を持っていることがわかる。早速その技術を導入することで成功したのだ。こうした中小企業の技術活用も、研究開発のスピードアップのために使える技術は積極的に活用する、という姿勢がなせる業である。

マーケティングにオープン・イノベーションを活用

またオープン・イノベーションの仕組みを逆手に取り、マーケティング的に使うやり方にもトライしている。

2014年、味の素は、社外に技術を求めつつ自社の取り組みをアピールする発想で、新しいスタイルの技術探索を実施した。具体的には、「発展途上国における栄養状態の改善を目指して開発した栄養素混合物（KOKO Plus）を酸素や光から保護し、かつ安価に現地の人々に提供できる革新的な技術を求める」という技術募集である（図3-7参照）。

一見、よくある技術募集であるが、その募集要項のなかでは、味の素がBOPマーケットで展開する新規ビジネスを存分にアピールしている。BOPとは「Base of the Pyramid」の略語であり、世界の所得別人口構成のなかで最も所得が低い層を意味する。世界人口のうち約40億人がここに該当するといわれている。つまり、世界中に味の素の途上国支援ビジネスの紹介をしつつ、同時にその商品を改良するパッケージ技術を世界中から募集する一挙両得のプログラムである。

ちなみに味の素は、ガーナにおいて、生後6カ月から24カ月の離乳期に当たる子どもの栄養不足を解消することを目的とした製品開

Eat Well, Live Well.
AJINOMOTO.

発展途上国の人々に栄養素を安価に提供するための革新的技術

味の素は、発展途上国における栄養状態の改善を目指し、タンパク質、アミノ酸、油やビタミン、ミネラル、糖を含んだ栄養素混合物を酸素や光から保護し、かつ、安価に現地の人々に提供できる、革新的な技術を求めている。

最終的に目指す技術
- コスト：数セント以下（一回当たり）
- 栄養素の保存安定性：アルミ箔と同程度に、内容物の劣化を防ぐことができる

出典：ナインシグマ・ジャパン資料より筆者作成

図 3-7　マーケティングと技術探索を兼ねた技術募集

発を進め、「KOKO Plus」という栄養サプリメントを展開している。ガーナでは伝統的な離乳食として、醗酵コーンを用いた「KoKo」と呼ばれるお粥が普及しているが、タンパク質や微量栄養素が不足していたため、離乳期の子どもの成長を遅らせる理由となっていた。そこで、アメリカのＮＰＯ法人であるＩＮＦ（International Nutrition Foundation）、ガーナ大学と組んだプロジェクトを通して製品開発を行ったのである。

２０１３年くらいから、オープン・イノベーションのスキームを使ったユニークな募集が海外で始まっているが、それをいち早く国内で実施する姿勢は、トップダウンで進める味の素ならではのフットワークの軽さである（オープン・イノベーションを応用した新しい取り組みは、第６章で詳しく紹介する）。

なぜ味の素は成功できたのか

味の素のオープン・イノベーションが、これまでうまく進んでいる背景には何があるのだろうか。尾道氏は、「トップがオープン・イノベーションの重要性を認識してメッセージを発していたこと、そして活動の成果が挙がったこと、この２つの要素が両輪としてうまく回り始めたことが大きかった」と話す。

「研究開発を自分たちだけでやるのは心地よい。社外との協業は骨が折れる。しかし、自分たちだけで進めるうちは、イノベーションは生まれない」ため、社員の意識を変えるためのトップメッセージには力を入れている。伊藤社長は、「CHANGE！」というキーワードを社内に繰り返し発信し、社員に「変わる」必要性を強調し続けた。2年連続で「オープン・イノベーション」を年頭のあいさつで明言しているし、2012年7月23日の『日本経済新聞』朝刊では全面を使い、伊藤社長がみずから登場し、「オープンが価値を生む」と味の素がオープン・イノベーションに舵を切ったことを全国に表明した。「新聞を通して社外に向けてメッセージを発信したが、実は最も反応したのは社内だった。あのメッセージで社内に本気度が伝わった」という。

こうしたトップメッセージに加えて、順調に取り組みの成果が出始めたことも活動を後押しした。2010年からの研究所の再編によって、9か所に分かれていた研究所・研究センターを3か所に集約したことでテーマが大くくりになり、社内でさまざまな交流が生まれて化学反応が起こり始めた。同じ社内にいながら接触のなかった研究者たちが触れ合うようになったことで、研究が加速したのだ。異質なものとの接触が発想を生むと肌で感じた研究者たちは、積極的に外部と協業するようになり、それが確実に成果に結び付いたことで、もう1つの車輪が回り始めたのである。

さらにもう1つ、味の素の情報収集活動も成功の大きな要因だ。欧米のグローバル企業の間でオープン・イノベーションが拡大するのにともない、オープン・イノベーションをテーマとした国際的なイベントが増えてきた。「CoDev」や「Open Innovation Summit」といった国際会議は、グローバル企業の活動報告や成功事例の紹介、参加企業同士のネットワーキングの場として、年を追うごとに規模が拡大している。

ただ、参加企業のなかに韓国や中国企業は目にすることが増えてきているものの、日本企業の姿を見ることはほとんどない。数少ない日本企業の１つが、味の素なのである。実際、味の素の活動のなかでは、そうしたイベントで学習した海外のベストプラクティスを参考にしている部分も多い。現場の活動がうまく進む裏側には、継続した情報収集活動があるのだ。

海外で実証された事例を参考にしながらつくり上げた体制を基盤として、企業戦略と一体化したトップからのメッセージ、そして現場レベルでの成功体験というボトムアップの活動活性化が、味の素のオープン・イノベーションの特徴と言えるであろう。

また味の素では、将来を見据えて、今後の活動の方向性が社内で共有化されていることも特筆すべき点である。活動自体がゴールになってしまうこともあるオープン・イノベーションに対して、明確なマイルストーンを掲げ、長期的な目線で活動を続けているのである。

味の素が目指すオープン・イノベーションの目標は以下の通りだ。

- はじめに研究開発の領域で実績を積み上げつつ、次第に、事業部に対してもオープン・イノベーションを展開する
- 技術に限らず、人材や事業そのものなど、さまざまなニーズに合わせてオープン・イノベーションでの解決を試みる

トップから現場までが一体となり、組織戦略として中長期的にオープン・イノベーションを進

めていくことが、味の素の強みの源泉となっている。

尾道氏は、オープン・イノベーションを成功させるための秘訣を「粘り強さ」だと言った。「研究開発は、途中で挫折しそうになることが何度もあるが、それを粘り強く乗り越えてこそ成果が出る。ちょっとやそっとの失敗ではめげずに、成果が出るまで、これからもオープン・イノベーションをどんどん進める」

海外の成功事例を見ても、「Tenacity（不屈）が重要」という言葉がよく聞かれる。あきらめずに成果が出るまで頑張り続けることが、オープン・イノベーションを成果につなげるための、1つの重要な要素となることは間違いない。

味の素のように、社長みずからが社内を鼓舞し、推進体制を構築するスタイルは、GE、フィリップス、P&Gなどオープン・イノベーションのグローバル・リーダーに共通している。ここまで高いコミットメントで取り組む企業が日本でも出てきたこと、そして着実に実績を積み上げていることは、日本企業でもオープン・イノベーションができるという裏付けに他ならない。

Case3

チームの力がトップと現場をつなぐ（大阪ガス）

大阪ガスは、オール電化など電力業界の新事業が進むことによるガス市場の行き詰まりに危機感を抱き、２００８年から、急激に研究開発のやり方を変えた。ガス機器メーカーとのクローズドな関係で研究開発を進めるという、それまでのガス業界の常識を覆し、必要があれば競合とすら手を組むのである。オープン・イノベーション室長である松本毅氏は、「内製よりはスピーディーだが、M&Aよりは投資リスクが低い戦略的提携であるオープン・イノベーションこそ、日本企業が取りうる戦略だ」と、積極的に活動を進める。

海外では、消費財や食品、電機メーカーを中心にオープン・イノベーションが広まったのに対して、日本では、内需依存で最も保守的な産業の1つであるエネルギー業界でいち早くオープン・イノベーションが始まったことは興味深い。必要に迫られれば業界に関係なくオープン・イノベーションは機能することを証明してくれている。

大阪ガスは、「オープン・イノベーションで成果を出す」という明確な目標を持ち、システマティックに活動を進めるなかで、国内外に多様なネットワークを構築し、技術ニーズに応じて、巧みに技術探索のネットワークを使い分ける。とくに、日本の中小企業や大学とのネットワーク構築については、国内でも最高レベルの取り組みであると言える。そして、活動を通して順調に結果を蓄積し、社内の研究者の考え方を少しずつ変えていく活動の進め方は、今後、日本企業が目指すオープン・イノベーションの1つの姿かもしれない。

推進チームがオープン・イノベーションを牽引

２００８年当時、電力企業や電気機器メーカーは、ＩＨクッキングヒーターやエコキュートなどの販売を急激に伸ばしていた。「オール電化」という言葉がブランドとして定着しつつあった頃でもある。しかしながら、大阪ガスの新事業は実用化が遅れ、結果として、ガス需要の伸びが鈍化していた。「その理由は、大阪ガスの研究開発の進め方にあった」と松本氏は指摘する。

当時のガス業界の研究開発のやり方は、特定のガス機器メーカーとガス会社が協力して製品を開発するという枠組みが一般的で、限られた関係での開発が大半を占めていた。「これでは到達できるレベルに限界がある。ガス業界こそイノベーションが必要」という発想が、大阪ガスにおけるオープン・イノベーションの原点であった。

２００２年から、大阪ガスの一事業として、技術者向けＭＯＴ（Management of Technology：技術経営）教育プログラムを展開していた松本氏が、２００８年9月に技術戦略部に異動したことから、大阪ガスのオープン・イノベーションが始動した。それまで、ＭＯＴプログラムで他社のイノベーターを育成していた松本氏であったが、自社内のイノベーションが起こるような新しい仕組みをつくる、ということを新たなミッションとして課せられたのだった。

まずは独自のエージェント機能による内部・外部連携の仕組み構築に手をつけ、２００９年４月には技術ニーズの公開を開始。松本氏が研究開発部門10組織を一人で回って社内の技術ニーズを集約し、それを踏まえて社外技術の探索を行った。その後、２０１０年４月にオープン・イノベーション室を設置して本格的な取り組みが開始した。

オープン・イノベーション活動を本格化する直前、２００９年３月に発表した経営ビジョンのなかで、「オープン・イノベーションによる、迅速で効率的な技術開発」と明記している。経営陣も真剣にオープン・イノベーションの推進を後押しするという姿勢の表れであるが、「あれがあったおかげで活動が加速した」と松本氏は語る。

目的達成に向けたネットワークを構築

大阪ガスは、オープン・イノベーションの目的を、簡潔に以下の３つに集約している。

① スピードアップ
② 製品の性能アップ
③ 技術開発投資効率アップ

大阪ガスは、技術探索の手法として複数のネットワークを構築した。その様子は表３-６の通りであるが、なかでも特徴的な動きである中小企業・大学との連携、そして海外の技術探索についてその詳細を紹介する。

中小企業や大学とのマッチング

大阪ガスの技術探索の仕組みとして際立っているのが、国内中小企業との密なネットワーキングである。年間数十回にわたりビジネスマッチング会を開催し、中小企業に技術ニーズを開示しながら、優れた技術の提案を集めるのである。

たとえば、2014年8月に電気通信大学で行われた「オープン・イノベーションマッチング 大阪ガス@電通大」では、「パイプラインの管厚測定技術」や「メタン発酵技術」、「燃料電池用セラミックスの高硬度化技術」など、現場が求めている66ニーズを解説し、中小企業などから募集した結果、70件の提案があった。

彼らは同時に、大学との連携にも力を入れる。国

表3-6　大阪ガスの技術探索ネットワーク

対象とする組織	技術探索ネットワーク
大手・中堅企業対象	個別アライアンス会議（140社）
中小企業	ビジネスマッチング。地方行政、商工会議所、支援機関との連携、中小企業整備機構・経済産業省との連携
ベンチャー	ベンチャーキャピタル、銀行（日本政策投資銀行、りそな銀行、三井住友銀行など）とのアライアンス会議
大学	産学官連携コーディネーターとのアライアンス会議。文部科学省、全国80大学と連携。大阪大、京都大、九州大などとは個別連携
公的研究機関	産業技術総合研究所やJAXAとのアライアンス会議
海外	技術仲介業、海外のVC

出典：大阪ガス発表資料より筆者作成

内80大学と連携し、産学官連携コーディネーターとやり取りしながら技術を集めている。遠方の大学とはスカイプを使った電話会議を行うなど、日本中の大学に網を張っているのである。また大阪大学、京都大学、九州大学など、とくに重要な大学とは個別に連携を行っている。

大阪ガスが社外に発表している結果を見ると、取り組みの進化がうかがえる（表3-7参照）。

２０１３年の発表によると、２００９年の発足から２０１２年度までの３年間で、社内の２０５件の技術ニーズに対して技術探索依頼があり、それに対して、外部から２５００件の提案を受領し、うち９００件を技術開発部門に紹介した。その結果、最終的に１２６件の連携が実現。連携先として多いのが中小企業だった。

集めた提案のなかで実際の協業に進む確率が5・0％、つまり20分の1という結果は、我々がこれまで見てきた社外技術導入プログラムとしては決して低い数字ではない。しかし大阪ガスは、その効率をさらに上げることに成功した。２０１３年上半期の技術マッチングに限定した結果と

表3-7 大阪ガスのオープン・イノベーション実績

期間	ニーズの数	集めた提案	ニーズ当たりの提案数	社内へ展開した提案数	協業開始	
					件数	割合
2009-2012	205	2,500	12.2	900	126	5.0%
2013上半期	78	283	3.6	118	22	7.8%

出典：大阪ガス発表資料より筆者作成

比較しよう。この時期には、78件の技術ニーズに対して283件の提案があり、オープン・イノベーション室は約40％の118件を担当部門に紹介した。そのうち22件が協業に進み、1件は商品化に向けて動いている。

1つの技術テーマに対して集まる提案件数は、3年平均の12・2件から3・6件と3分の1以下に減っているにもかかわらず、協業に進む確率は5・0％から7・8％に向上している。つまり、質のよい提案を効率よく集める仕組みに進化していると言える。

その進化の背景はどこにあるのか。松本氏はこう説明する。「2010年は、中小企業との連携のため、全国20か所以上でマッチングイベントを開催した。中小企業から届いたエントリーをスクリーニングして面談をし、担当者へ紹介するというプロセスを経たが、ヒット率は4％と低かった。そこで東京の多摩エリアと大阪では、コーディネーターが大阪ガスのニーズを企業に紹介し、その後、企業を集めた説明会を行うという二段階で行った。その結果、ヒット率は10％を超えた。エージェントが、技術の目利きや提案組織への的確なコミュニケーション、提案提出のサポートという役割を担うことで、より効率的な技術探索ができた」

海外の技術探索

国内のネットワークに関しては、独自に構築したネットワークを活用して技術を探索する大阪ガスであるが、国内組織では解決ができない高難度な技術ニーズや、将来のテーマをつくるためのネタ探し、あるいは異分野の技術活用に期待するような場合には、外部エージェント、つまりグローバルネットワークに強い技術仲介業を使うことも多い。

たとえば以下のテーマは、２０１４年に仲介業を活用した技術募集の例である。

- １５０℃以下の低温排熱を利用して発電する技術
- 革新的な蓄熱材料
- 革新的な小型ガス発電装置の共同開発パートナー

いずれも、大阪ガスの将来の重要技術である。低温排熱利用、蓄熱材料、ガス発電装置などは、今後、確実に需要が高まるため、世界中でさまざまな研究機関がしのぎを削っている領域である。

これらの募集の狙いは、世界トップレベルの技術、あるいは、その研究を行う組織を早期に特定し、他社に真似できないレベルの技術を確立しようというものである。おもに海外の大学やベンチャー企業に狙いを定めて行う募集であるが、彼らにとっても、すでにマーケットを持ち、体力もある大阪ガスとの協業はメリットが大きく、世界中から多くの提案を集める結果となった。

「新規テーマ創出は難しい課題が多いため、海外に技術を求めることとなる。海外ネットワークや異分野連携では、世界中をくまなく探す仕組みを持つ技術仲介業をうまく活用することが重要になる。我々の目標は、将来、新規テーマで創出する新たなコア技術と外部のコア技術を融合させて、新事業を創造することである」と松本氏は語る。

専門の推進チームが果たした役割

2010年4月、大阪ガスはオープン・イノベーション室を設立し、以降、この部門が社内のオープン・イノベーション活動の推進役を担っている。推進メンバーは専任1名と兼任2名。兼任の2名は、技術系バックグラウンドのメンバーと、調整能力に長けたメンバーを一人ずつ配置している。オープン・イノベーション室のおもな役割は、グループ内の技術開発部門が求める技術やパートナーを探すことであり、いわば社内のエージェントである。その一部を紹介する。

活動をスムーズに進めるために最も必要な業務の1つが、社内の啓蒙活動であることは第2章で述べた。オープン・イノベーション室も、活動の目的・コンセプトを理解してもらうために、社内の認知向上に時間を使う。

社内の啓蒙活動を彼らは「キャラバン」と呼んでいるが、幹部クラスの会議に参加したり、各研究所で若手の研究者を集めて講演したりしながら、オープン・イノベーションの重要性や必要性、仕組みを説明するのである。その際には、「自分たちのコア技術は何か」を徹底的に考えさせることがポイントだという。「コアを見極めようとすると、不足する技術が洗い出される」と松本氏は言う。

その後、活動に共感した研究者や、技術課題を抱える部門が活動に進みたいと考えた際には、探索を依頼する技術を記載する「技術探索依頼書」に必要事項を記入して、オープン・イノベーション室に起案する。オープン・イノベーション室に探索依頼が届くと、まずはスタッフが製品に必要な技術をモジュール分解し、外部に求めるべきものは何か、大阪ガスが自力で解決できる技術は何かということを、研究者・技術者らとともに徹底的に議論して、外部に求める技術を確定する。その後、外部に求める技術に対しては、どこからどうやって探すのかオープン・イノベーション室が検討し、テーマ担当者の合意も得て、方針策定、技術探索と進むのである。

また技術を探すだけではなく、有望技術を特定した後、技術を取り込む段階においても、オープン・イノベーション室の支援は重要となる。社外組織とのやり取りに関するノウハウは、オープン・イノベーション室に蓄積されるので、それを最大限に活用して、コミュニケーションの効率を上げるのである。

オープン・イノベーションによる意外な効用

２００９年の活動開始以降、オープン・イノベーションによる具体的な成果がいくつか生まれている。ここではその代表的なものを紹介する。

まず紹介するのが、ガス式の業務用スチームオーブンである。スチームオーブンは、高温の水蒸気で調理するオーブンである。シャープの「ヘルシオ」などがよく知られているが、食材の味や栄養価を損なわずに、余分な脂肪や塩分を抑えて調理できることが特徴だ。これまで電気式しかなかったが、ガス式の場合、高温になるまでの時間が短く、短時間でうまみのある調理が可能になる。大阪ガスはガス式のスチームオーブン開発に成功したのである。

そのきっかけは、ガスの強力な火力をオーブン全体に行きわたらせる新技術を開発したこと。この技術をスチームオーブンに活用できれば、という発想はあったが、必要な技術が不足していたため商品化が進まなかった。そこで「技術をオープン化して、社外のアイデアを活用しよう」と、展示会で技術を公開し、パートナーを探したのであった。

そのとき、大阪ガスの競合でもある直本工業（業務用のオーブンやアイロンを製造する中堅企業）から提案があった。大阪ガスの燃焼技術と直本工業の過熱水蒸気を組み合わせ、それまでにはなかった「ガス式スチームオーブンを開発したい」と提案され、共同開発に進んだのである。

2013年4月、「ガス卓上型過熱水蒸気オーブン」は発売され、いまやヒット商品として注目を浴びている。まさに、電気の牙城を崩すために社外組織、それも競合との共同開発を通して技術で対抗した、大阪ガスのオープン・イノベーションを象徴する製品と言える。

また水素製造装置の「HYSERVE《ハイサーブ》」も、オープン・イノベーションの成功事例の1つだ。HYSERVEは、都市ガスを改質して水素を製造する装置である。ただ、水素ステーション（燃料電池自動車に燃料の水素を補充する施設）向けに販売するには、コストが高い、サイズが大きすぎるなどの課題が残っていた。この課題を解決するためには何をすべきなのか。装置内で複数使われている熱交換器を高性能化すれば、低コスト化と省スペース化が同時にできることがわかったものの、その技術が当時の大阪ガスにはなかった。

そこで、オープン・イノベーションのスキームを使って高性能な熱交換器を求めたのである。結果として、ある中小企業から極めて革新的な熱交換器の要素技術が提案され、熱交換器において60％のコスト削減と、70％のコンパクト化に成功した。なお、この装置は一部の水素ステーションへの採用が決まっており、市場の拡大とともに大きな事業に育つと期待されている。

こうした成功は、製品開発以外の効果ももたらしている。「オープン・イノベーションの副次効果として、社内における情報の壁も低くなり、知見を共有できるようになったことで、社内の研究の効率も改善された」と松本氏は話す。これは、多くの日本企業のトップ・マネジメントが抱える〝技術のタコつぼ化〟（各技術者が自分の技術を抱え込んでしまい、社内での透明性が低くなること）の解決策の1つになるものではないだろうか。

チェンジ・リーダーが組織を変える

大阪ガスのオープン・イノベーションが成果を上げている理由として、松本氏は「オープン・イノベーションがうまく進むかどうかを決定的に左右するのは、研究者の意欲とトップのコミットメントだ」と強調する。

研究者はプライドもあるし、自分の研究に愛着もある。当然のことながら、できればすべて自分たちでやりたがるものだ。実際、活動を開始した当初は、「技術を探したい」という依頼は少なかった。その状況に対して、社内にその意義を粘り強く説いて回ることで、次第に社外に技術を求める動きが出てきた。やらなければならないことをすべて自分たちでやるのではなく、10のうち7までは自力で頑張り、残りの3は社外技術を活用することで、自分たちで世界のどこにも負けないようにしようという意識が芽生えてきたという。

技術情報開示のリスクは、オープン・イノベーションの阻害要因として必ず指摘される。しかし、そうした声に対しても、「従来の開発方法にこだわっていては開発に時間がかかり、革新的な商品が誕生しない。それによって競合他社、海外企業に市場を奪われる可能性もある。オープン・イノベーションで占有性は下がるかもしれないが、市場を奪われる前に開発を済ますほうがメリットは大きいはずだ」という説明で理解を得た。

研究者の意識変化と同時に、トップの号令も活動を後押しする。「2009年3月に、トップがオープン・イノベーションという言葉を長期ビジョンに明記したことで、技術にも本気度が伝わり、ニーズの公開に慎重な技術者も意識を変えることができた」のである。

これまでは既存の事業や技術に関する課題解決のテーマが多かったが、2013年頃からは、新たなテーマ創出のネタの探索、そして、大阪ガスの技術を外部に公開しての用途開発先の探索が増えている。2014年以降は、新規テーマの創出と事業化も本格化する。大阪ガスグループが持つ技術の公開を通じて、用途開拓も進める予定だ。いずれはコア技術と外部技術の融合も図り、新たなキーテクノロジー創出と新事業の創造につなげることを目標としている。

今回の取材を通して、あらためて大阪ガスの取り組み、そして松本氏のリーダーシップの強さを実感した。ビジネスの世界で言う、いわゆる「チェンジ・リーダー」であり、チェンジ・リーダーの力で会社全体、ひいては社会に対しても大きな影響を及ぼせることを証明している。

海外では、オープン・イノベーション活動をリードするリーダーを誰にするかが勝負を分けるという考え方も広まりつつあり、その適性を評価する性格テストまで出現している。オープン・イノベーションが機能している企業には、必ず推進チームに影響力のあるリーダーがいる。オープン・イノベーションを始めようとする企業にとっては、リーダーをどう選定するかが結果を左右することを認識し、結果の出る活動につなげてほしい。

Case4

現場の危機感が巨大組織を動かす（デンソー）

4兆円を超える売上げを誇る自動車部品メーカーの雄・デンソーも、オープン・イノベーションに積極的に取り組んでいる。伝統的に自前主義が強く、保守的な自動車業界において、同社は早くからオープン・イノベーションを進めている。研究から製品化まで10年、15年は当たり前という時間感覚の長さ、コストや品質保証に対する要求の高さなど、他の業界とは一線を画す自動車業界において、どのようなオープン・イノベーションを行っているのだろうか。

基礎研究から始まったオープン・イノベーション

デンソーにおけるオープン・イノベーションは、基礎研究所から始まった。

一般に、研究フェーズのオープン・イノベーションは、研究初期から協業し、一緒に技術を高めていく協業パートナーを探すことがおもな活動になる。つまり、いわゆる技術探索型オープン・イノベーションとしての活動は、技術を探すというよりは「共同研究パートナー」を探すことがメインとなるのである。

研究の上流から協業を始めるとなると、中小企業やベンチャー企業の技術を導入するケースは少なく、パートナーとなりうる大学や研究所を探すことが多い。ここではデンソーの産学連携の仕組みや、仲介業を使った共同研究パートナー探索の方法を紹介する。

自動車業界に限らず、研究フェーズにおけるパートナーとしては、大学は最も組みやすい相手になる。とくに日本の大学には、世界に誇れる優れた技術が多数存在するので、日本にある企業というメリットを享受するためにも、国内大学との連携は有効である。材料や触媒、あるいは計測技術など、日本が強みを発揮できる技術領域に関して密にコミュニケーションを取りながら研究を進める際には、日本の大学との産学連携は有効だろう。

デンソーの産学連携の特徴は、組織的なパートナーとして選んだ国内の7大学（東京大学、東北大学、東京工業大学など）と、組織連携と称して包括的な年間契約を締結し、互いに自由なコミュニケーションを取れる仕組みを築いたことにある。これまでの大学との連携は、その都度、NDA（秘密保持誓約）を締結する必要があった。組織連携により、それらの業務を一括して行うため、各担当者が気軽に大学に相談へと行けるようになる。個別に訪問するだけでなく、定期的に交流会を開き、大学の准教授レベルと膝詰めで話をする交流の場なども設けている。

どの先生にアクセスすればよいかわからないテーマについては、「こんなことがしたい」「こんなことが聞きたい」と伝えれば、大学側の事務局が適切な先生を紹介してくれる。将来を担う若手研究者にすれば、企業のリアルなニーズを知ることができるため、世の中のニーズに対する感度が高まり、大学にとってのメリットも大きい。この組織連携により、デンソー社員が大学を訪問する頻度が上がり、実際に共同研究に進むケースも出始めたことから、当面はこの仕組みを継続・拡大していく予定である。

デンソーのオープン・イノベーションのもう1つの方法は、仲介業を使ったパートナー探索にある。研究初期のテーマに関して、優れた技術を持つ共同研究先を探すのである。先に紹介した国内大学との産学連携との棲み分けとして、国内よりも国外で盛んに研究されている技術領域については、こちらのほうが有効という考え方である。

まずは自分たちでできる限りの情報収集をし、どうしてもしかるべき組織が見つからない場合に、仲介業に依頼するという流れになっている。萌芽的な研究テーマに関してパートナーを求める場合や、まだ誰も達成できていない革新的な技術の確立を目指す場合は、公知情報で探せる内容には限りがあるため、仲介業のネットワークを活用することが有効に作用する。とくに異分野の研究者に期待する場合は、彼らのネットワークを活用することが多い。

たとえば、材料技術や評価技術、エネルギーマネジメント技術などは、あらゆる分野で研究されている。そのため、業界横断的に技術を探すと、想定外のユニークな技術が見つかることがある。また航空・宇宙や軍事、ITの世界で開発された技術を自動車に応用することで、思わぬブレークスルーが生まれることもある。発想や目的を変えて、他の分野や他の目的で使われている技術を探す場合には、広いネットワークを持つ仲介業の仕組みは役に立つことが多い。

仲介業を通じた技術募集の過程で集まる情報や提案を見ると、世の中の技術動向、たとえば、その領域をリードするキーパーソンや研究機関、それぞれのアプローチや現時点でのパフォーマンスなどを俯瞰することができる。短期間で効率的に技術の理解が進むという、副次的な効果に期待している部分もあるのだ。

現場発のボトムアップで活動を実現

デンソーの活動を語るうえで強調したい、1つの特徴がある。それは、現場の研究者のモチベーションや好奇心が非常に高く、ボトムアップ型で活動が広がっていることである。ここで言う「ボトムアップ」とは、トップの強いリーダーシップで活動を進めるケースとは逆で、現場レベルで活動が広がり、研究者が自発的・能動的にプロジェクトを進めることを示す。

たとえば、ある部門でオープン・イノベーションを活用したグループがあると、それを見た隣のグループの研究者が興味を示し、自分もトライしたいと言い出すのだ。あるいは、実際に経験したグループの研究者が、他グループに活動を紹介するというケースもある。

オープン・イノベーションを積極的に進める企業は、いずれかのタイミングでこのように自発的に活動が拡大し始める「発火点」を迎え、そこから活動が加速する。デンソーの場合、その発火点に達する時間が他社に比べて極端に短い。なおかつ、活動は研究所を超え、開発や設計をつかさどる事業部、さらには量産を行う工場にまで伝播したのである。

自動車業界におけるモノづくりは、最上流の基礎研究からはじまり、開発、生産に至るまでさまざまなフェーズがあり、それぞれにおいて、まるで異業種のように時間の感覚や予算の規模が異なる。コストやスケジュールに関する制約が大きい事業部や、独自のノウハウを蓄積している工場では、一般にはオープン・イノベーションを受け入れるのに時間がかかるが、デンソーではその一般論は通用しなかった。

ただし、事業部や工場における技術課題は研究所のそれとは大きく異なるため、オープン・イノベーションに関しても、研究所とは異なる独自の活動を行っている。

まずは、事業部。研究フェーズを終えて製品のイメージが固まると開発や設計に進むが、それを担当するのが事業部である。ここでは製品と直結した開発になるため、その製品を実現するために必要な技術を探索することとなる。「これさえあれば製品が完成する」など、いわゆるパズルの最後のワンピースを求めるような探索だ。

研究フェーズと比べると課題は具体的になり、その分、解決までに許される時間は短く、すぐに使える技術を探すことが多い。要求レベルが明確なため、結果の白黒がつきやすい技術探索となる。たとえば部材表面の改質技術、集積回路の放熱材、走行中のセンシング技術のように、自動車に限らず異分野でも研究されていて、世界中のどこかによりよい技術がありそうな場合に、オープン・イノベーションを活用するという考え方が基本となる。

また、工場における活動にも特徴がある。モノづくりである以上、最終的には工場で製品を製造することとなるが、そこでもオープン・イノベーション活用の余地は大きい。工場では、日々さまざまな課題が頻発し、その都度、生産性に影響を及ぼすため、現場のリアルな課題に対する解決策を求めることが多くなる。歩留まりを上げる、タクトタイムを1秒減らす、不良品検査の精度を上げる、作業を機械化するなど、やりたいことを明示して、それを達成する手段を求めるのである。技術探索というよりは「〇〇という問題の解決策募集」の傾向が強まる。

多くの企業では、工場が聖域化されている。過去、長い年月をかけて自社独自の改善を重ねてきているため、一見、社外に解決策を求めようがないように思えてしまうが、必ずしもそうとは限らない。むしろ独自の改良を加えてきたがために、実はグローバル・スタンダードから乖離していることも少なくない。また、とくに製造技術には、業種横断的にさまざまな技術が使われているため、外部の知見を活用することで予想外に早く解決できることも多い。

一般に、生産現場でのオープン・イノベーションは、改善されるとコストダウンに直結する。費用対効果の算出もしやすく、成否の判断もつきやすいのだ。

オープン・イノベーションは手段にすぎない

デンソーのように、研究者のモチベーションが高く、ボトムアップで活動が広がったケースは非常に珍しい。「企業カルチャー」だと言ってしまえばそれまでかもしれないが、その要因がどこにあるのかを、デンソーのオープン・イノベーション活動をリードしてきた小野田邦広氏に尋ねたところ、過去の研究開発の取り組みに起因していることがわかった。そこでまず、デンソーの研究開発に関する歴史について触れておきたい。

デンソーは、将来のテーマに向けた中長期的な研究を進めることを目的に、1991年、基礎研究所を設立した。しかし、数年後にバブルがはじけるとそのあおりを受ける。基礎研究所とはいうものの、事業部に近い仕事が多くなり、目先のビジネスに関して時間を使うことが多くなった。その影響なのか、以前は定時後など自由な時間を自発的に将来のネタ探しに使う研究者が多かったが、2000年頃になると「やるべきことをやればよい」という風潮が広まり、自発的に新しいネタ探しをする研究者が減ってきた。

それに危機感を抱いた、当時の研究所長が中心となり、「次世代のテーマを探そう」というスローガンのもと、2001年頃から積極的にテーマ探索活動を推進した。具体的には、「探索活動」と称する情報収集活動や、グローバルでパートナリングをする「グローバル・シャトル活動」を開始したのだ。

探索活動のなかでは、当時、インターネットの進歩でさまざまな情報に自由にアクセスできるようになったこともあり、「社外の技術を調べ、今後のテーマを探す」ということを推し進めた。また、学会に行ったら目的のセッション以外にも積極的に参加する、海外出張の際には目的地以外に2拠点以上訪問して見聞を広める、といったことをルール化し、将来のネタ探しに時間を使うように研究者をけしかけたのである。

また、グローバル・シャトル活動では、「国内だけでなく海外にも目を向けよう」「ネットで見るだけではなく訪問して現物を見よう」「訪問するなら意思決定のできる部長級が直接訪問し、その場で意思決定しよう」「それをシャトルバスのように定期的に運行しよう」という考えに基づき、仕組みを構築した。マネジメントに対しても積極的に外を見る機会を提供することで、マインドセットを無理やり変えるよう仕向けたのである。

そうした活動を数年続けるうちに、外の技術に目を光らせるということが当たり前のように社内に根付いた。そして、2007年頃からオープン・イノベーションという考え方が日本で広まってきた際にも、素直にその必要性を理解できたし、自然に受け入れることができた。

探索活動もオープン・イノベーションも、単なる「手段」にすぎない。結果を出すために必要であれば迷うことなく使うだけという、オープン・イノベーションにつながる素地がはじめからできあがっていた。そもそも、オープン・イノベーションを、これまでの一連の探索活動の延長と理解し、特別扱いするような風潮がなかったと言えるかもしれない。

現場をサポートする推進チームの存在感

デンソーのボトムアップの活動が成功している背後には、活動を支える推進チームの絶妙なリードがある。

デンソーのオープン・イノベーション活動は、2007年頃から始まっている。当初は、基礎研究所の研究企画室が、自分たちのミッションとして技術探索活動を進めるなかで、オープン・イノベーション活動も推進していた。ただ「推進」とはいえ、決して強引な押しつけはしていない。そこにデンソー推進チームの巧みさがある。

現在はコーポレートの技術企画部長であり、デンソーのオープン・イノベーション活動のキーパーソンである小野田氏は、基礎研究所の研究企画室長だった当時を振り返り、次のように語っている。「研究者はプライドが高いので、『やれ』と言うと反発する。社外技術を活用する土壌はあったので、活動を押しつけるのではなく『こんな仕組みもありますよ』と紹介するにとどめ、向こうが興味を持つように仕向けることを意識した」

基礎研究所の技術部長会議で活動の紹介をするなど、地道な活動を続けるうちに、次第に問題意識を持つ部長が呼応して、自部門の若手の研究者をプログラムに参画させるといった流れができはじめた。当時、活動の予算は研究企画室が確保していた。技術探索費用だけでなく、その後の協業に関しても必要に応じて金銭的支援をするとしたことで、各部門は比較的依頼がしやすかったという一面もあった。

実践を積み重ねるごとに成果が見え始めた。海外の大学やベンチャー企業との共同研究が開始されるようになると、それを見た別の部門が興味を示す、という連鎖が起こり、じわじわと現場レベルで活動が普及していった。その後、活動が基礎研究所を飛び出し、他の部門へ広がったことは先述の通りである。

2000年以降、基礎研究所を中心に始まった活動により、トップから一研究者に至るまで、積極的に社外に出るカルチャーが醸成されていた。オープン・イノベーションという仕組みが素直に受け入れられたこと、そして、活動を巧みにリードする推進部門がうまく社内をモチベートするとともに、好奇心が強く前向きな研究者がそれに呼応して動き出したことが、デンソーの特徴だと考える。

トップ、現場、推進チームのすべてが力を発揮

順調に活動が進んでいるように見えるデンソーだが、当初は反発もあった。小野田氏いわく、「探索活動の流れもあり、比較的受け入れてもらえたほうだとは思う。それでも、はじめの頃は、新しい活動に対する反発も少なくなかった。まずは、研究企画室を中心に実績を積み上げることに注力した。ある程度の結果が出たところで、部長が出席する会議で活動の報告をし、関心を持った部長に後日あらためて説明する、ということを繰り返していた」。

また、「トップの理解度が高かったことが大きかった」と小野田氏は振り返る。役員が活動を応援してくれたことで、現場が動きやすくなり、モチベーションの高い研究者が挑戦して結果を出す。この循環が次第に回り始めたのである。

小野田氏は、1990年に入社し、1991年設立の基礎研究所の第0期生だった。基礎研究がやりたくてデンソーに入社している。専門は半導体だ。

バブルがはじけて、基礎研究所が基礎研究に多くの時間を使えなかった頃に、研究のあり方について真剣に悩んでいた。事業部から依頼されたことを受動的にやるのではなく、もっと能動的に企画の段階から自分たちで関わるべきではないか。そう感じていた小野田氏は、入社して約10年が過ぎた頃、研究員としてヨーロッパに駐在する機会を得る。そこで見たヨーロッパの研究開発のあり方に、驚きと感銘を受けたという。

「メーカーが外部の研究機関と一緒に研究を進める姿、それを互いに誇りに思っているところに

憧れを感じた」と小野田氏は語る。帰国後、研究企画室に移り、探索活動の推進に関わるようになった。はじめは迷いながらも、研究者と一緒に動きつつ経験を積み上げ、徐々にデンソー内の探索活動の中心となっていったのである。一見スムーズに進んでいるように見えたデンソーでも、実は社内で推進チームが巧みに活動をリードしていたのだ。

自動車業界は、研究フェーズから実用化に至るまでの時間が非常に長いので、目に見える成果となるとかえってわかりにくい。製品化というよりむしろ、共同研究パートナーを見つけることができ、共同研究で一歩先に進めること。活動を通して人脈を築き、社員も経験を積みながら成長していくこと。それが成果だと考えているのだ。

オープン・イノベーションをうまく進めるために必要なこととして、「トップの理解と現場のモチベーション」を小野田氏は挙げる。「すぐに結果が出る活動でもないし、また、必ずやらなければいけないと押しつけるものでもない。活動を軌道に乗せるまでは、辛抱強く頑張る必要があるが、そのためには、トップが理解を示してくれることが大前提。そのうえで、高いモチベーションで果敢にチャレンジする現場の研究者に思い切り任せてみることで、成果につながるのだと思う」

デンソーのケースは、新しい取り組みに躊躇しない外向きでモチベーションの高い現場、それを理解して巧みにリードした推進チーム、そして、それを支えるトップという3つの要素がうまくかみ合い、活動が進んだ例である。

生き残るために変化は避けられない（医薬品業界）

「日本で最もオープン・イノベーションが進んでいる業界はどこですか」という質問を頻繁に受けるが、私は迷わず「医薬品業界です」と答えている。医薬品メーカーは、猛烈な危機感で研究開発の効率化を進め、その効率化の手段の1つとして、オープン・イノベーションを積極的に活用しているのだ。

他業界に先駆け、いち早く業界の危機が訪れた日本の医薬品業界では、2000年以降、業界再編の嵐が吹き荒れた。それがひと段落した2010年以降は、研究開発の効率化に舵を切ることとなる。医薬品メーカーが高い緊張感のなかで進めるオープン・イノベーションには、他の業界にとって参考になる点もある。近い将来に訪れるかもしれない危機に備えるためにも、また、オープン・イノベーションのさらなる加速を目指すためにも、医薬品業界におけるオープン・イノベーションの進め方を知ってもらい、そこから何かを得ていただきたい。

医薬品業界を襲うさまざまな危機

日本の医薬品業界に訪れた危機は2つある。1つが、国内メーカーの大型医薬品特許が一気に切れる「2010年問題」、もう1つが、財政を圧迫し始めた医療費を抑えようとする「医療費抑制」だ。

2010年問題とは、医薬品メーカー各社が保有する多くのブロックバスター（年間売上げ1000億円以上の大型医薬品）の特許が2010年前後に一気に切れることにより、各社の収益が急激に悪化する問題を指す。医薬品において、特許が切れると、その切れた特許をもとに他社がコピー製品をつくり、安価で製造・販売することができる。いわゆる、後発医薬品（ジェネリック医薬品）だ。同じ有効成分を同じ量含み、効能や効果が同等と認められた薬が別のメーカーから安く販売されるため、既存顧客が一斉に流れてしまう可能性がある。とくにアメリカでは、薬の特許切れの翌年から、売上げの8割が後発医薬品に奪われると言われている。

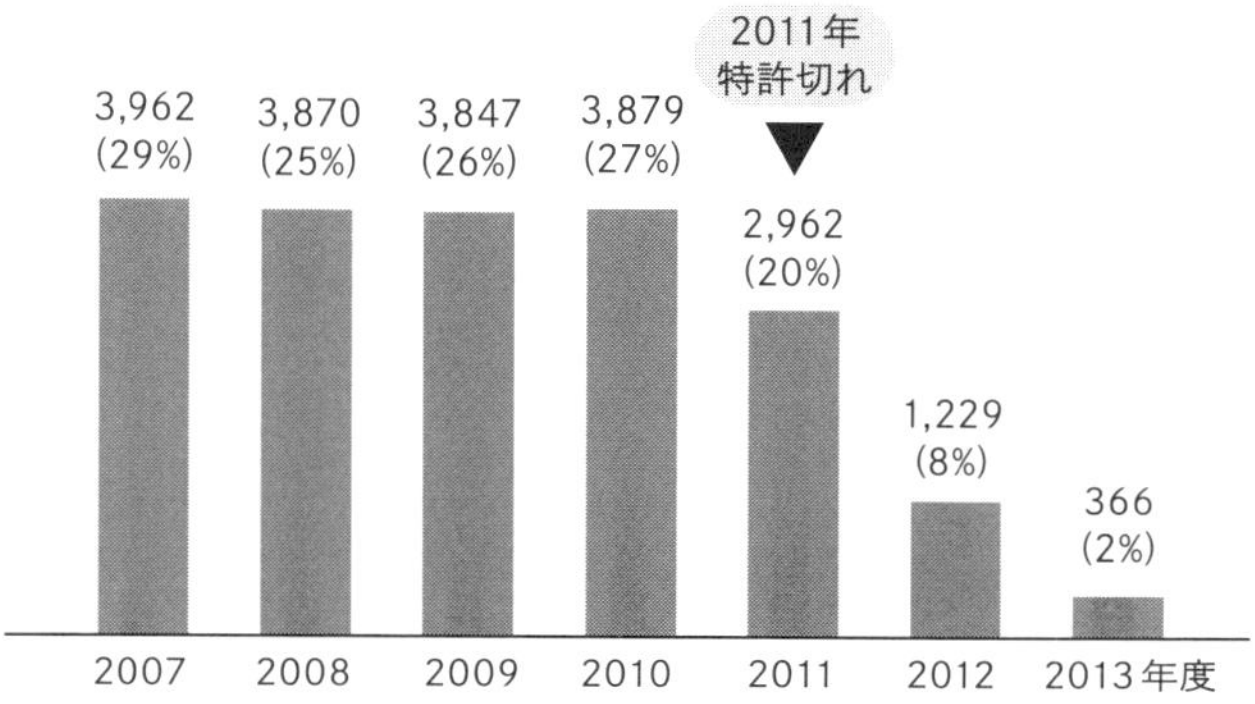

単位：億円（カッコ内は、売上げに占める割合）
出典：武田薬品工業の有価証券報告書より筆者作成

図 3-8　武田薬品工業の「アクトス」売上げ推移

武田薬品工業が大ヒットさせたアクトス（糖尿病治療薬）を例に挙げよう。アクトスは、武田薬品を代表するブロックバスターの1つである。図3‐8の通り、2000年代には、この製品1つで、毎年4000億円近い売上げを挙げていた。その8割はアメリカでの売上げである。ところが、2011年の特許切れ以降、急激に売上げが減少していることがわかる。2010年の3879億円から、3年後の2013年にはわずか366億円（マイナス91％）と、3年で3500億円もの売上げ減となっている。

またカッコ内の数字は、同社の全売上げに占めるアクトスの売上比率である。一時は、総売上げの3割近くを一製品で締めていたことがわかる。特許切れとともにそれが急激に減少することになるので、その影響は相当なものであることは容易に想像できる。

このように限られたブロックバスターに依存する姿は、武田薬品工業に限らず日本企業の特徴であり、ブロックバスターの特許切れ1つで大打撃をこうむることになる。図3‐9は、2006年時点での、各社のブロックバスター依存度を表したものであるが、ここから当時の日本企業が、いかに少数のブロックバスターに依存していたかがわかる。たとえば、武田薬品工業は4つのブロックバスターで、エーザイはわずか2つのブロックバスターで売上げの6割を占めていた。

これらブロックバスターの特許切れが2010年前後に集中することにより、日本の医薬品メーカーにいかに深刻な影響を及ぼすかということをご理解いただけるだろう。

2010年問題に加えて、医薬品メーカーが直面しているもう1つの問題が、政府が提唱している「医療費抑制」である。診療報酬や患者の自己負担率の引き上げをはじめ、政府は医療費の抑制を目指して、さまざまな政策を打ち出してきた。

とくに「新薬の価格を抑える薬価制度」と「新薬に比べて安価な後発医薬品の普及策」は、医薬品業界に大きな影響を与える。薬の価格が毎年2％ずつ下落していく薬価制度や、医療用医薬品のなかでの後発医薬品の数量シェアを、2012年度末までに30％に引き上げるという政府の目標は、新薬を開発している新薬メーカー（武田薬品工業、アステラス製薬、第一三共、エーザイなど）の大手医薬品メーカーにとって大きな向かい風になった。

これら2つの外的な危機と同時に、研究開発の効率悪化が厳しい状況に拍

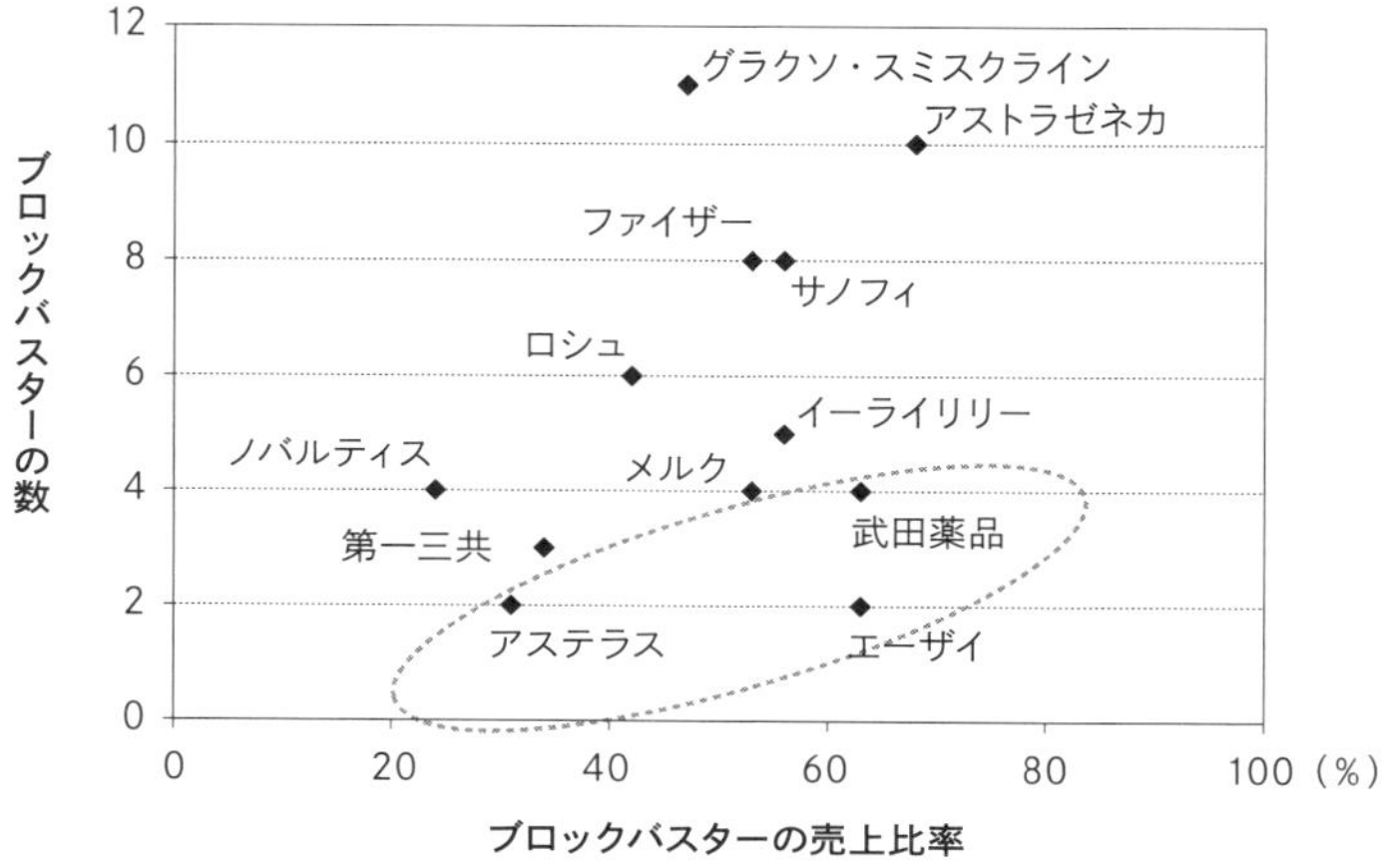

出典：伊藤邦雄『医薬品メーカー勝ち残りの競争戦略』（日本経済新聞出版社、2010年）を参照し、各社有価証券報告書、アニュアルレポートより筆者作成

図 3-9　おもな医薬品メーカーのブロックバスター依存度（2006年）

車をかけた。医薬品における製品開発は、他の業界とは大きく異なり、一言で言えばハイリスク・ハイリターンである。武田薬品工業のアクトスの例でもわかるように、1つの大型医薬品開発に成功すれば、毎年数千億円の売上げにつながる可能性があるが、その一方で、1つの製品開発には期間にして9~17年、費用にして1000億円程度かかると言われている。さらに、新薬候補物質のなかで、新薬として市場に出ていく確率は3万分の1と言われている。つまり、多大なる時間とコストがかかるうえ、新薬が市場に出る確率も非常に低いのである。

また、生活習慣病関連を中心に多くのブロックバスターが生まれた時代とは異なり、おもな疾患に対する新薬創出が一巡した後は、次第に新薬が生まれにくくなり、特許切れによって失う売上げを補うことが難しくなってきている現実もある。それ以外にも、医薬品メーカーの収益を圧迫する要因は多々あるものの、本来の目的から外れるのでここまでにとどめたい。

2000年以降、医薬品業界における危機感は並々ならぬものがあったという点をまず理解いただきたい。

水平統合と垂直統合で危機に対応

収益が悪化するなかで、医薬品メーカーが取った対策はどのようなものだったのだろうか。

最初に起こった流れは、企業同士の水平統合である。2005年にはアステラス製薬（山之内製薬と藤沢薬品）、第一三共（三共と第一製薬）、大日本住友製薬（大日本製薬と住友製薬）が、

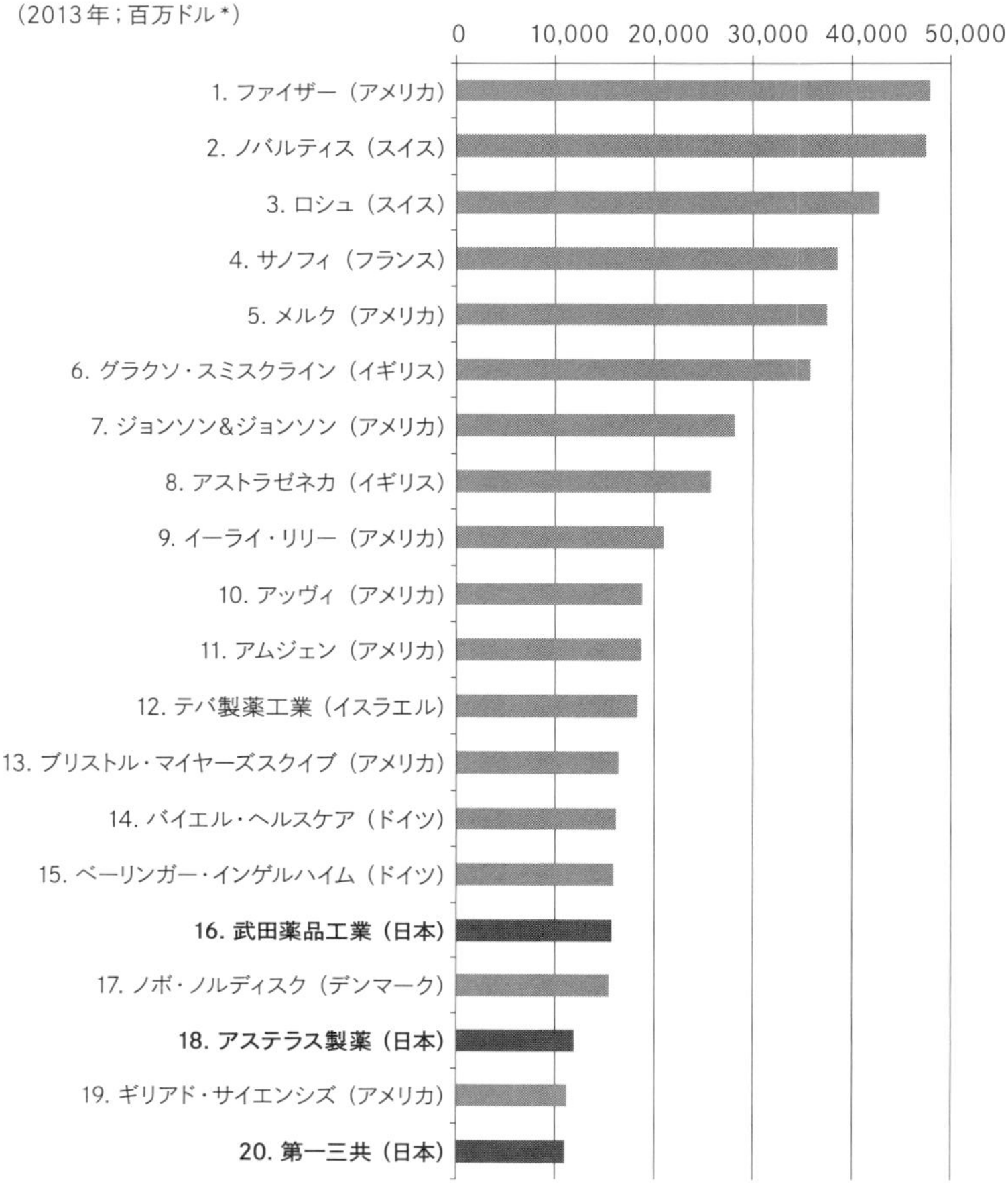

*各社の公表データを基に、医療用医薬品、ワクチン、造影剤、ロイヤリティなどの売上高を集計し、OTCや検査薬などは除外したもの。ただし、非上場メーカーなど詳細不明のメーカーはOTCなどを含んでいるところもある。

出典：セジデム・ストラテジックデータ株式会社、2014年6月13日、"世界の医薬品メーカーの医薬品売上高ランキング2013年"、https://www.utobrain.co.jp/news/20140613.shtml.

図 3-10 医薬品メーカー売上げランキング

２００７年には田辺三菱製薬株式会社（田辺製薬と三菱ウェルファーマ）が誕生した。特許切れ問題に加えて新薬開発が難しくなってきている状況で、今後、さらに新薬開発に多大なコストがかかってくることが予想されたため、多額の研究開発投資に耐えうる企業体力をつけようと考えたのである。

実は、世界に目を向けると、日本の新薬メーカーは企業規模で海外のメガファーマに大きく水をあけられている。図３-10は、２０１３年の医薬品メーカーの売上げランキングである。再編後の現在でも、日本最大の武田薬品工業がグローバルでは16位、アステラス製薬と第一三共がどうにか20位以内をキープできている状況だ。たとえ日本の上位３社の売上げを合計しても、トップのファイザーには遠く及ばないのである。

水平統合がひと段落すると、今度は垂直統合

2000年～
水平統合（製薬会社同士の合併）
- 中外製薬＋日本ロシュ(02)
- 山之内製薬＋藤沢薬品(05)
- 三共＋第一製薬(05)
- 大日本製薬＋住友製薬(05)
- 三菱ウェルファーマ＋田辺製薬(07)

2006年～
垂直統合（バイオベンチャーの買収）
- 武田薬品工業：シリックス(05)、パラダイム・セラピューティック(07)、アムジェン日本法人(08)、ミレニアム・ファーマシューティカルズ(08)、IDMファーマ(09)
- アステラス製薬：アジェンシス(07)、OSIファーマシューティカルズ(10)
- 第一三共：U3ファーマ(08)
- エーザイ：モルフォテック(07)、MGIファーマ(08)

2010年～
オープン・イノベーションによる効率化

出典：筆者作成

図 3-11 製薬業界に起こった変化の変遷

としてバイオベンチャーの買収が盛んに行われた。2005年以降の4年間で、武田薬品工業は外資系5社の買収を行っているし、アステラス製薬やエーザイも同様に複数社を買収した。買収対象となった企業は、有力な新薬候補物質を持っている企業や特定の疾患領域に強みを持つ企業、また、その後のトレンドになるバイオ医薬に特化した企業などであった（図3-11参照）。

垂直統合による業界再編成も落ち着きを見せ始めると、各社の体制が整った2010年前後から、いよいよオープン・イノベーションによる研究開発の効率化に各社が移行したのである。

自社創薬にこだわれば生き残れない

医薬品メーカーの研究開発費は売上げと相関し、規模の小さな日系メーカーは、研究開発費の絶対額では世界の巨大製薬企業に遠く及ばない。つまり、これらの企業に対抗するには、効率的な研究開発が不可欠である。とくに将来の事業展開を大きく左右するシーズ探索においては、他社に先駆けて優れたシーズを確保するために、積極的に外部の情報を収集する必要がある。そこで、「外部技術の有効活用」という発想に結び付き、オープン・イノベーションの必要性が高まることとなる。

2010年以降、メディアで発表されている医薬品メーカー4社のトップのメッセージを見ると、オープン・イノベーションにより研究開発を効率化することを明言していることがわかる。各社の並々ならぬ意気込みが伝わってくるが、このメッセージは、同時に社員に対するメッセージでもあり、社内のモチベーションを高めたことは容易に想像がつく。

- 「武田薬品の研究者は2000人弱だが、アカデミアには100万人単位の研究者がいる。（中略）オープン・イノベーションが不可欠だ」武田薬品工業　長谷川閑史社長（当時）（2010年10月24日『日経バイオテク』より）
- 「従来の研究プロセスを効率化し、他社からの技術導入を積極的に行う『オープンイノベーション』を進めていく」第一三共　中山讓治社長（2010年12月10日『日刊薬業』より）
- 「今まで自社創薬にこだわりすぎていたために、かえって研究活動の生産性を阻害していたきらいがあった。そこで、（中略）大学や業界他社との『オープンイノベーション』を積極的に進めている」アステラス製薬　畑中好彦社長（2011年9月3日『週刊東洋経済』より）
- 「新しいヘルスケア事業の創出にはオープンイノベーションの精神が不可欠」田辺三菱製薬　土屋裕弘社長（当時）（2012年6月26日『化学工業日報』より）

医薬品業界におけるオープン・イノベーションは、先に紹介したM&Aによる垂直統合だけでなく、産学官連携、ベンチャーキャピタルを通した情報収集やバイオベンチャーへの投資、社員を世界中に派遣して現地の情報を吸い上げる人的交流、自社HPでの技術公募、仲介業を使ったシーズ探索など幅広い。ここでは、ここ数年で取り組みが活発化している、①自社のHP上で課題を開示して提案を募集する自社公募、②技術仲介業を使って提案を募集するグローバル公募、この2つを紹介する。

① 自社公募

創薬シーズの探索に関しては、各社各様に行っているが、医薬品業界に見られるとくにユニークなシーズ探索の例が自社公募である。塩野義製薬、アステラス製薬、第一三共、エーザイは、自社ホームページでシーズ公募を展開し、優れた技術の早期囲い込みを行っている。塩野義製薬は他社に先駆けて、2007年から自社公募に取り組んでいる。アステラス製薬、第一三共、エーザイは、2011年以降に自社公募を開始した。

各社がHP上で公表する取り組みの概要は表3-8の通りである。塩野義製薬以外はまだ2期目、あるいは3期目が終わったところであり、結果を見ながら修正を加えて、自社独自の方法論の確立を目指している様子がうかがえる。企業によって、募集のタイミングや募集期間、対象領域が異なる点は興味深い。アステラス製薬や第一三共は、途中で募集期間を変えていることから、試行錯誤のなかから自分たちの形を模索する姿が浮かび上がる。第一三共は、結果についても詳細に公表しているが、2期目は1期目に比べると採択率が改善されている点も興味深い。

塩野義製薬は、「FINDS」（2007年～）と「Shionogi Science Program」（2011年～）の2本立てで行ってきたが、2014年からはその2つを統合して、世界11カ国で技術公募を展開している。他社が国内でのシーズ探索にフォーカスしているなか、一歩先を走っていると言ってよい。他社も海外展開を追随する計画があり、自社公募はさらなる拡大が予想される。

自社公募の担当部門に聞いてみると、集まる提案もさることながら、自社の認知向上、どこで誰がどんな研究をしているのか全体像を把握できること、そして、各領域のキーとなる研究組織とのネットワークが構築できることなど、副次的な効果も

|表 3-8| 製薬会社それぞれの自社公募事例

対象	開始年	募集期間	テーマ	結果
塩野義製薬	2007年	1カ月 （10月）	15領域（糖尿病、慢性腎疾患、HIV、慢性疼痛など）	•242件（2007年）、153件（2008年） •2014年から、日本を含む11カ国に展開*
アステラス製薬	2011年	1年間 （2011年、2012年） 6カ月 （2013年以降）	A：研究テーマ事前設定 B：アステラス保有化合物活用 C：技術課題解決アイデア募集	応募：125件、採択12件（8.3%） （2012年の結果）
第一三共	2011年	1カ月 （2011年） 2週間 （2012年） いずれも6月実施	A：創薬標的検証 B：創薬標的探索 C：創薬技術開発・検証 D：製薬技術	2012年：応募337件、採択21件（6.2%） 2013年：応募222件、採択20件（9%）
エーザイ	2012年	3カ月 （7～9月）	自己免疫疾患の治療につながる新規ターゲットや新規化合物、およびバイオロジクス	非公開

*2014年から、FINDSをShionogi Science Programに統合

出典：各社HPより筆者作成

あるという。ある担当者は、「大量に届く提案をさばくことで、技術に対する目利き力が向上する」というメリットを挙げていた。まさに、実践してはじめてわかることである。

自社公募という仕組みは、今後他の業界へも波及するのではないかと考えている。トヨタ自動車は、2000年以降、「研究公募」という形で自社公募を行っているが、それ以外では、日本ではまだ数社が小規模に挑戦しているだけである。自社のHPでみずからの技術課題を開示することは、見方を変えれば戦略の漏えいと受け取られるかもしれない。しかし、それを覚悟のうえでスピードを優先するという判断ができれば、この仕組みは検討に値するものだ。海外ではすでに、自動車、食品、材料、電機いずれの業界においても自社公募が広がりつつある。

② 仲介業を活用したグローバル公募

自社公募に加え、より具体的なニーズに対してグローバルに技術を探索する場合には、仲介業のネットワークを使うのも1つの方法である。とくに2012年頃から、仲介業を使った技術探索が増えている。特定の疾患に対する新薬候補物質や標的分子など、世界中から、将来の新薬のタネとして確保しておきたい技術を集める際に、仲介業を利用するという使い分けをしている。

創薬シーズの探索

表3-9は、2012年以降、おもな医薬品メーカーが、仲介業を使って広く創薬シーズを探索した例である。ここから、いくつかの傾向が見える。

1期目の2012年には、各社、対象疾患に対する標的分子や新薬候補物質を求めるなど、非常にオーソドックスな募集でトライをしていることがわかる。最初は、仕組みの有効性を理解することにフォーカスしたようだ。その後、2期目の2013年になると、各社の特徴が顕著になる。たとえば、第一三共はドラッグリポジショニング（既存薬、あるいは開発を中断した薬剤から新たな薬効を見つけ出し、別の疾患に適用する）や、マイナー疾患に関するシーズ募集という高難度な取り組みに挑戦しているし、エーザイは既存創薬の他疾患展開に挑んでいる。いずれも、自社の既存のリソースを最大限に活用することを目指した取り組みだ。田辺三菱製薬は、化合物の取得技術というテーマで化合物を設計する技術

表 3-9　募集内容に見る製薬メーカーの進歩

	2012年	2013年
アステラス製薬	• 神経障害性疼痛の新規標的分子 • 慢性腎不全の新規標的分子	• Target Molecules for Inducing the Activation of XXX
第一三共	• 動脈疾患の創薬シーズ • 慢性腎不全の創薬シーズ	• 感覚神経（網膜・内耳）の再生に関するシーズ • 腫瘍微小環境におけるMDSCに関連する創薬シーズ • DGAT1阻害剤が適応可能な疾患の探索
エーザイ	• 炎症性及び自己免疫疾患の創薬シーズ	• Efficacy Evaluation of Potential Application for AMPA Receptor Antagonist
田辺三菱製薬	• 神経障害性疼痛の創薬シーズ	• タンパク質間相互作用を阻害する化合物の取得技術
旭化成ファーマ	• 関節リウマチの創薬シーズ	• 神経障害性疼痛治療薬開発のためのシーズ

出典：ナインシグマ・ジャパン資料より筆者作成

の募集を行っている。またアステラス製薬は、徹底的に標的分子にフォーカスした技術募集をしているし、旭化成ファーマは、自社の注力疾患に対するシーズ探索に徹している。

繰り返しになるが、オープン・イノベーションは手段である。その手段をどのように使うかは、使い手の巧みさに依存する。早くも2期目からさまざまな使い方に果敢にチャレンジする医薬品メーカーの姿勢は、他業界の視点から見ても参考にできる部分は多いのではないか。

図3-12は、第1期（2012年）のシーズ探索7件の結果をまとめたものである。募集1件につき平均34件の提案が届き、提案提出国は多岐にわたる。提案提出組織の国別内訳を見みると、上位に先進国が来ることは容易に理解ができるが、イスラエル

提案提出組織の国別内訳

（件; n=237、1プロジェクト当たり平均34件）

組織別内訳

(%; n=237)

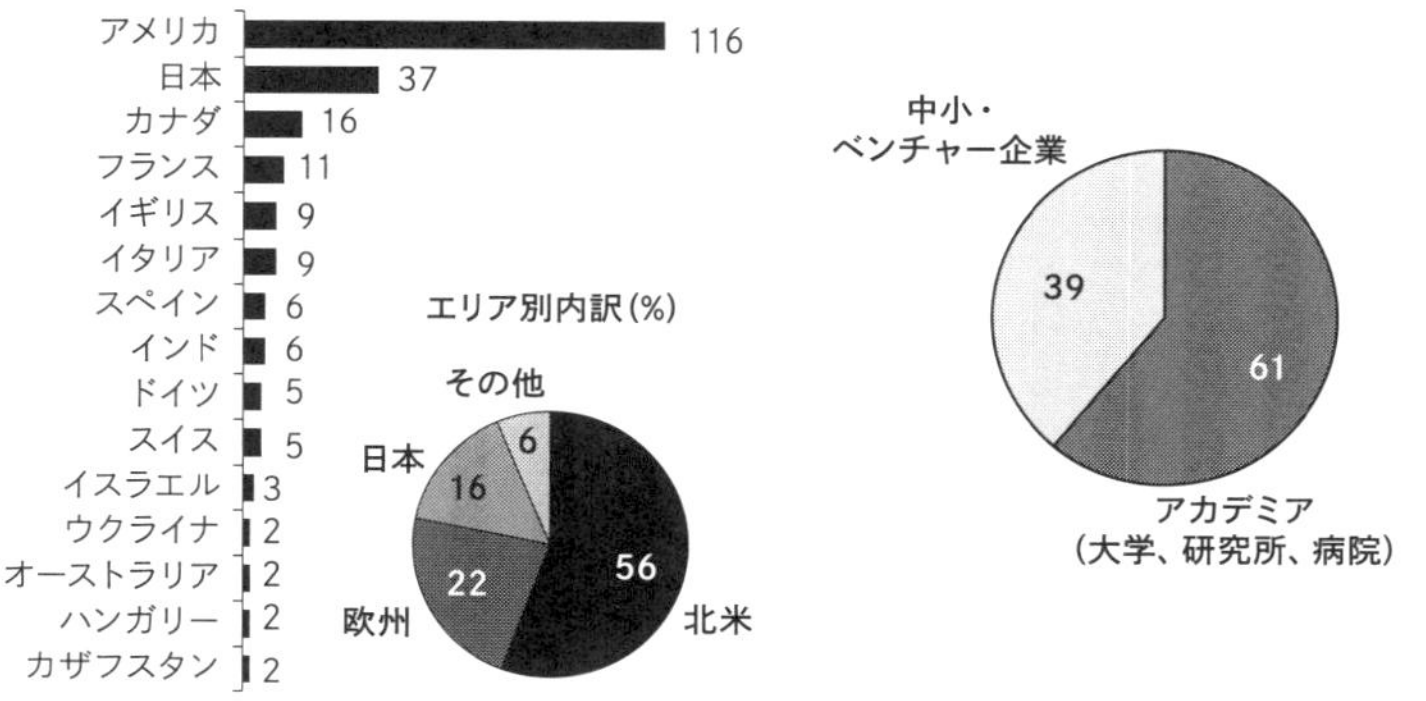
アメリカ 116
日本 37
カナダ 16
フランス 11
イギリス 9
イタリア 9
スペイン 6
インド 6
ドイツ 5
スイス 5
イスラエル 3
ウクライナ 2
オーストラリア 2
ハンガリー 2
カザフスタン 2
エリア別内訳(%)
その他 6
日本 16
欧州 22
北米 56
中小・ベンチャー企業 39
アカデミア（大学、研究所、病院） 61

注）提案件数1件のみ：ロシア、スウェーデン、アイスランド、オランダ、ニュージーランド、ナイジェリア

出典：ナインシグマ・ジャパン資料より筆者作成

図 3-12｜第1期における創薬シーズの探索結果

や東欧諸国など、日本からではリーチしにくい国も含まれていることがわかる。欧米で研究を終えて自国に帰った研究者がチャレンジしてくるケースも多いようだ。また、提案を提出した組織の6割以上がアカデミアであり、おもに大学や研究所に存在するシーズを探し出すことに有効だと言える。

副次的な効果として、仲介業を通して世界中の主たる研究者に各企業が探索する技術が公開されるため、どの企業がどのシーズに興味を持っているのかが広く知られることとなる。その結果、後日、新しいシーズを発見した研究者が、それに興味を持ってくれそうな企業に提案を持ち込むということもあり、シーズ募集に加えた認知拡大という効果も一部では見られている。

DDS関連シーズの探索

仲介業を使った技術募集として、創薬関連のシーズ探索と双璧をなすのが、製剤分野におけるDDS（Drug Delivery System：薬物送達システム）関連シーズの技術募集である。

薬を体内の目的とする場所に届けるDDS技術は、薬剤の効果をよりよいものにするために、あるいは製品のライフサイクル管理のために必要となる。多様な技術が必要となることから自社のみで対応するにも限界があり、外部技術を活用するケースが多い。そのため、創薬分野同様、オープン・イノベーションとの親和性は高い。

一方、DDSの募集は医薬品メーカーにとって機密性が高いテーマが多いことから、募集の時点では募集企業の名前を伏せることが多い。そのため、この領域での技術募集では、匿名で技術探索ができる仲介業の役割が大きくなる。

表3-10は、2011〜2014年に行ったDDS関連のシーズ募集の例である。DDSに関する技術は多岐にわたり、必ずしも製薬業界ではないところに解決策が見つかることが多い。比較的、素材業界との関連性が高く、材料メーカーや材料の研究者から予想外の提案が届くこともある。

これらの募集の結果を図3-13で紹介する。先に紹介した創薬の結果同様、アメリカをはじめとする先進国からの提案が多いが、大きな違いは提案組織の内訳である。創薬のシーズ探索では、提案組織の6割以上が大学を中心とするアカデミアであったが、DDSに関してはその比率が完全に逆転する。6割は中小・ベンチャー企業であり、アカデミアの割合は4割と少ない。また創薬に関しては、日米欧からの提案が94%と高かったが、DDSではその割合が84%、実に10ポイント下がる。これは、DDS技術を持つ組織が異分野も含めて世界的に広く存在し、大手と組む機会を狙っているということの裏

表3-10 DDS関連シーズ募集の例

年度	テーマ
2011〜2012年	• 関節内投与型徐放性DDS • ペプチド経皮吸収型製剤の開発パートナー • 核酸医薬DDSの開発パートナー
2013年〜	• 服用時に口の中でゲル化するカプセル • 皮膚・口腔粘膜を通過し、血液中に送達できる粒子 • 薬剤を消化管内（湿潤面）に長時間接着、付着させる技術 • 胃の中に長時間滞留しながら薬剤を放出する胃内滞留製剤 • 消化管におけるタンパク質医薬品の吸収性を改善する技術

出典：ナインシグマ・ジャパン資料より筆者作成

付けであり、オープン・イノベーションが効果的に機能することを証明しているとも言える。

医薬品業界から何を学ぶべきか

ここまで医薬品業界における猛烈な危機感と、競争力強化のうち手の1つであるオープン・イノベーションについて紹介してきた。

私がここで伝えたかったことは、製薬業界と同じようなことが、近い将来、他の業界でも起こるということ、そして、来るべきときに備えて、研究開発の効率化は早めに進めておくべきだということである。

資源も持たず、労働人口が減少し続ける日本において、今後メーカーが生

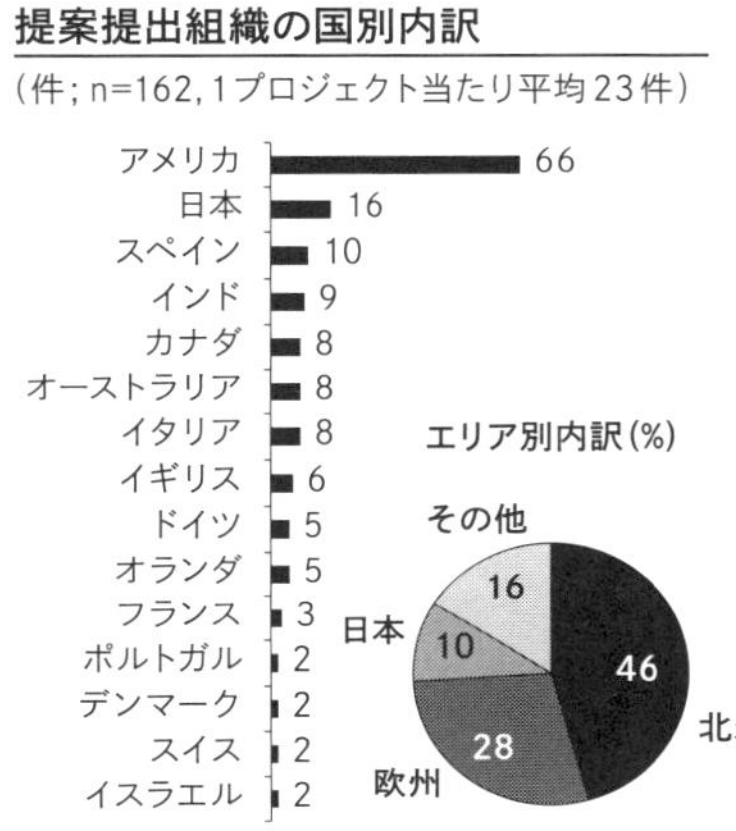

提案提出組織の国別内訳
(件; n=162, 1プロジェクト当たり平均23件)
アメリカ 66
日本 16
スペイン 10
インド 9
カナダ 8
オーストラリア 8
イタリア 8
イギリス 6
ドイツ 5
オランダ 5
フランス 3
ポルトガル 2
デンマーク 2
スイス 2
イスラエル 2
エリア別内訳(%)
その他 16
日本 10
北米 46
欧州 28

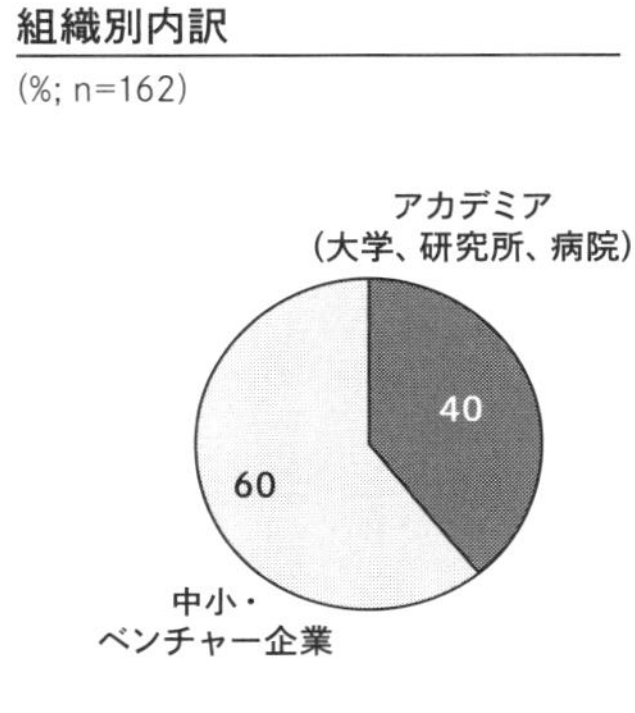

組織別内訳
(%; n=162)
アカデミア
(大学、研究所、病院)
40
60
中小・
ベンチャー企業

注) 提案件数1件のみ：マレーシア、フィンランド、ハンガリー、パキスタン、中国、スロベニア、キプロス、韓国、カザフスタン、ウルグアイ

出典：ナインシグマ・ジャパン資料より筆者作成

図3-13 DDS関連シーズの募集結果

き残る道はモノづくりの効率化にある。水平統合、垂直統合、あるいは選択と集中といった業界内の再編は、あくまでも生き残りのための体制づくりにすぎない。モノづくり企業である以上は、モノづくりで勝負できなければ将来はない。

そのために必要な要素が、研究開発の効率化である。そして研究開発効率化のための手段の1つが、オープン・イノベーションなのだ。ある製品の開発に、自前で5年かける企業と、外部の力を利用して3年で終える企業とでは、どちらが競争力を持つのか。いま一度、考えなければいけないのだ。

技術探索型オープン・イノベーションは、これからの日本企業がいずれは導入しなければいけない試練だと考えている。そのときになってはじめて、活動を開始するようでは遅い。日本企業のライバルとなるグローバル企業は、すでに、大々的にオープン・イノベーションを進めている。将来のためにも、いまのうちから少しずつ動き始めるべきなのだ。

第4章

優れた技術を提供する

技術を持つ組織に巡ってきたチャンス

ここまでは、技術探索型のオープン・イノベーションを中心に解説してきたが、企業として成長戦略を考えるうえで避けて通れないのが、いまある技術をどう活かしていくかという考え方である。

とくに大企業から中小・ベンチャー企業、あるいは大学に至るまで、優れた技術を多数保有する日本にとって、自分たちの技術を活用して新しい価値を生み出すことは、今後、優先順位の高いミッションである。だからこそ、技術探索型のオープン・イノベーションのみならず、自分たちが保有する技術を外部へ発信する「技術提供型」（アウトバウンド型）オープン・イノベーションに対する期待値が高まるのである。

技術提供型オープン・イノベーションは、技術探索型に比べて難しさもある。成果を得られる確率が事前に読めないため、戦略として使うにはハードルが高い。しかしながら、だからと言ってあきらめていてはいつまでたっても先に進めない。そこでここでは、少しでも技術提供型オープン・イノベーションの成功確率を高めるために、そのプロセスをご紹介する。ただし、ここで紹介するプロセスとは、あくまでも我々のこれまでの経験から考える方法論であり、これが最適だと言うつもりはないし、まだ発展途上で今後もどんどん進化させる必要があると考えている。

しかし一方で、やみくもに技術を発表して利用希望者を探すという手法に比べれば、理にかなった、結果につながりやすい方法だと考えるし、実際に成功事例が出始めているのもたしかだ。

本章では、大企業に限らず、優れた技術を持つ中小企業、ベンチャー企業、あるいは技術の実用化を目指す大学など、モノづくりに関わるすべての組織へのメッセージでもある。技術を発信してその活路を見出していくという意味においては、大企業も中小・ベンチャー企業も大学も関係ない。本章の内容を参考にしていただき、積極的に技術を発信することで、インパクトにつなげる組織が出てきてほしい。

技術を価値に変える2つのアプローチ

技術を保有する企業にとって、みずからの技術を大企業にアピールする道は大きく分けて2つある。1つは、自分たちの技術を持ち込んでアピールする、いわゆる「売り込み型」アプローチ。そしてもう1つは、大企業が求めている技術ニーズに応募する、いわゆる「提案型」アプローチだ。同じ技術提供型のオープン・イノベーションでも、「売り込み型」と「提案型」は大きく異なるため、それぞれ分けて解説する。

1 売り込み型アプローチ

ある日、これまでになかった革新的な技術を開発したとしたら、あなたはどうするだろうか。おそらく、はじめに特許を押さえ、その後、技術を価値に変えることを考えるのではないか。その技術を使って受託開発ができるかもしれないし、ライセンシングで稼げるかもしれない。あるいは、あなたが設立間もないベンチャー企業に所属する場合、技術を高く評価する企業に会社ごと買ってもらえるかもしれない。

では、その技術を世間に知ってもらうためにどうするか。展示会や学会で発表する、プレスリリースなどを利用して世の中に公表する、特許を見てコンタクトしてくる企業からの連絡を待つなど、いろいろ考えられる。誰が見てもすばらしい技術であれば、そのまま放置しても情報が拡散し、周囲から「使いたい」というオファーが届くだろう。しかし、そうした技術はトップのなかのトップであり、ほんの一握りだ。

ここで対象とするのは、そこまでの技術ではないが独自性があり、うまく売り込めれば引き合いがきそうな技術である。たとえれば、ドラフトでは選考外になったものの、トライアウトにチャレンジするプロ志望選手のようなものだ。これらの技術を価値に変えることが、「売り込み型オープン・イノベーション」の目的である。

「とりあえずつくってはみたものの、いまひとつ売上げにつながらない。こんなはずではなかった」と思える材料や技術を保有する企業は少なくないだろう。そのとき、さまざまな打ち手を講じることになる。真っ先に行うこととしては、これはという企業に売り込みに行くことだが、そこでは次のような反応を想定できるのではないか。

① そもそも相手にしてもらえない（売り込みの機会も与えられずに門前払い）。

②担当者に会うことができても、「おもしろい技術ですね。何に使えるか社内で検討してみます」と体よくかわされ、次に進まない。

③「おもしろい、わが社の製品Xに使ってみたい」と言われたものの、そこで提案された製品Xがこちらの戦略とは合致しない、あるいは、その事業規模が小さくて魅力的でない。

こんな経験をした大企業の開発者や中小・ベンチャー企業の経営者も数多く存在すると思う。ここに挙げた代表的な3つの可能性だけをかけ合わせても、売り込みがうまくいく確率が高くないことは容易に想像できるだろう。

もう1つの売り込みパターンである、海外展示会での技術アピールを考えてみよう。たとえば、アメリカの展示会にブースを開き、社員2名を派遣して、3日間頑張ったとする。その時点で、人件費、交通費、滞在費、参加費などで数百万円が吹っ飛ぶ計算だ。3日間もブースで待てば、1000人程度はまじめに見てくれるだろう。そのうち100人は名刺交換し、10人は展示会後にメールでやり取りし、最終的に1人（一社）くらいとはビジネスにつながるかもしれない。それで大きなインパクトが得られればよいが、それも簡単ではない。労多くして功少なしである。それでもあきらめきれずに手を打ち続け、悪循環に陥ることはより大きな問題だ。

このような悪循環を断ち切るために、どうすればよいのだろうか。当然の答えではあるが、①～③のボトルネックを潰していけばよい。門前払いを避けるためには技術のよさをうまく伝える必要があるし、「何に使えるか」を相手に考えてもらうのではなく、こちらで考えて相手の「気づき」を引き出すのだ。つまり、用途仮説を考え、それにしたがって売り込み先を選定し、それらの売り込み先に対して、彼らが興味を持つようなコミュニケーションを自発的に行っていくのである。

売り込み型アプローチの4つのステップ

売り込み型アプローチのプロセスを図式化すると、次の①〜④の4ステップに分かれる（図4-1参照）。ここからは、それぞれのプロセス上の注意点を整理する。

① 用途仮説を考える

最初に行うべきことは、用途仮説の構築である。「それがわかれば苦労しない」と思われるかもしれないが、これこそが最も重要なことであり、時間と工数を掛ける価値がある。あくま

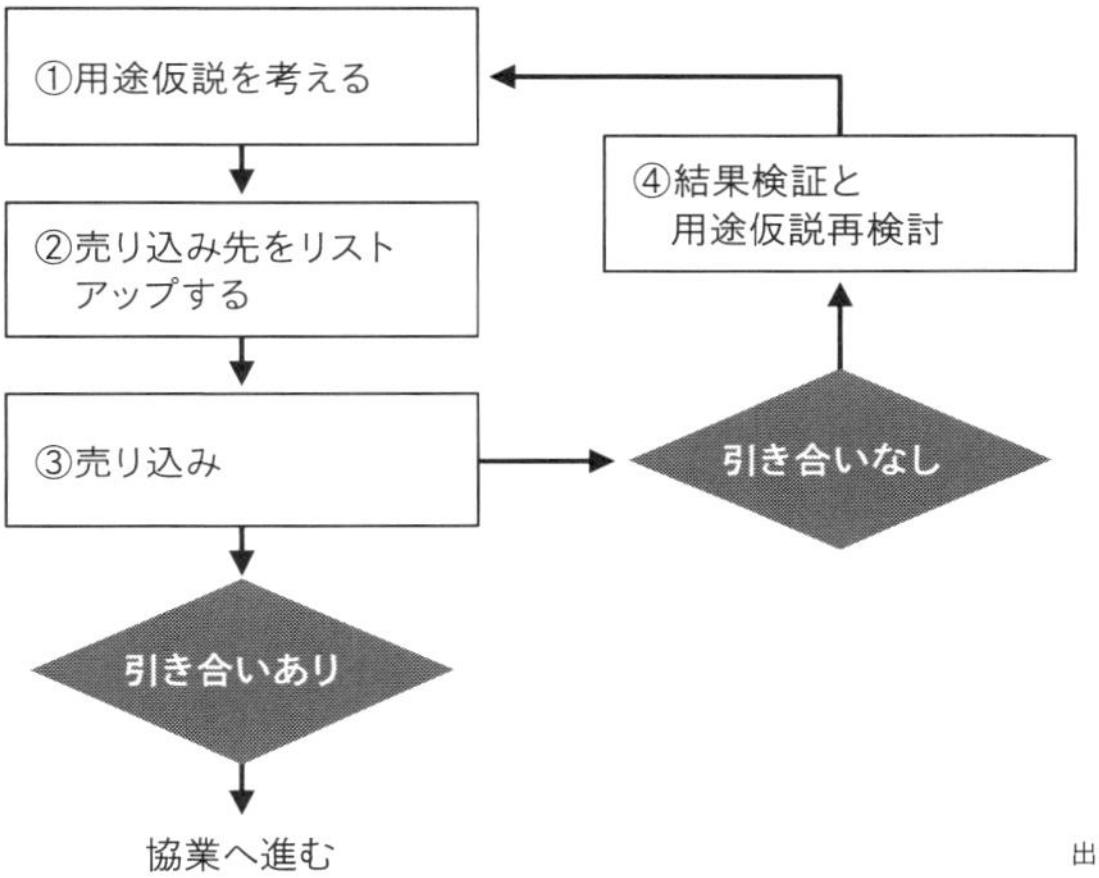

出典：筆者作成

図4-1 売り込み型アプローチの4つのプロセス

でも「仮説」であり、完璧である必要はない。また、検証の結果が違っていれば修正すればよいだけだ。一歩先に踏み出すための足がかりだと考えてほしい。

一般的な方法として、ブレインストーミングのように、複数の人間が集まって意見をぶつけ合うことが基本となる。仮説のため、発想は自由だ。複数意見をぶつけ合うことで、一人で黙々と考えるよりアイデアが生まれやすい。

また、外部の人間を交えてアイデア出しを行うことも効果的である。顧客に協力してもらってもよいし、業界に精通した専門家を招いてもよい。あるいは、そのようなセッションを企画運営する会社もあるので、彼らの力を借りるのも1つの手だ。とくに商品開発やプロダクトデザインのエキスパートを交えたアイデアセッションでは、自分たちだけでは出てこない突飛なアイデアが出てくることも期待できる。

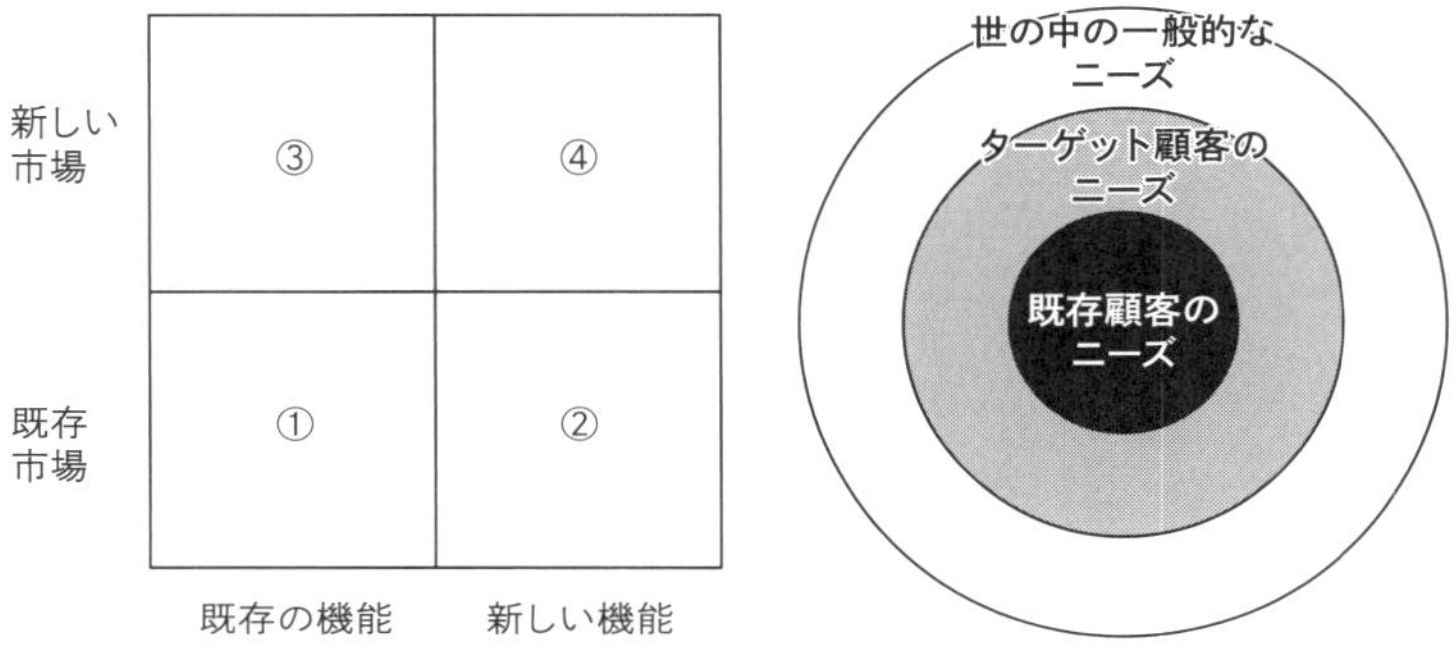

出典：筆者作成

図 4-2　用途仮説構築の際のフレームワークの例

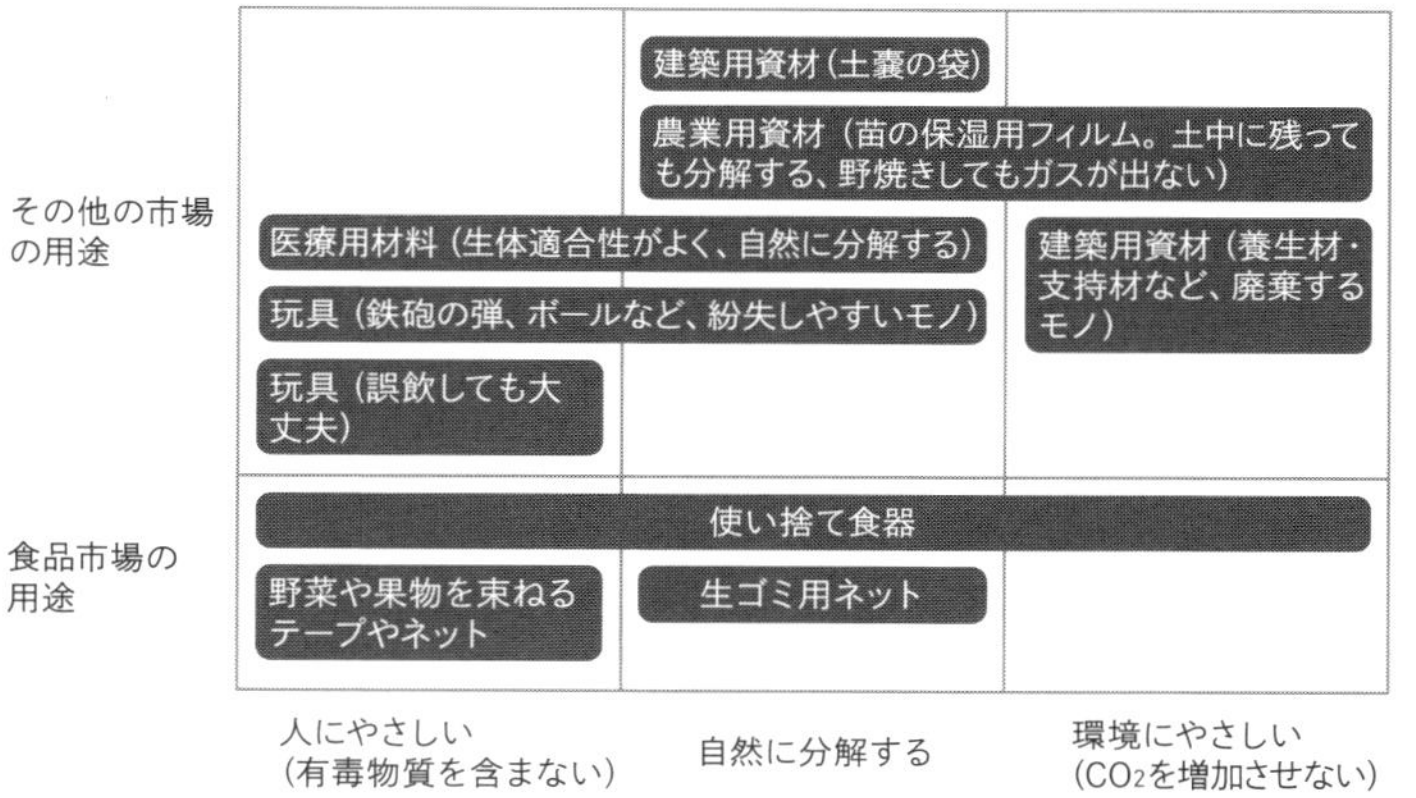
その他の市場の用途
建築用資材（土嚢の袋）
農業用資材（苗の保湿用フィルム。土中に残っても分解する、野焼きしてもガスが出ない）
医療用材料（生体適合性がよく、自然に分解する）
建築用資材（養生材・支持材など、廃棄するモノ）
玩具（鉄砲の弾、ボールなど、紛失しやすいモノ）
玩具（誤飲しても大丈夫）
食品市場の用途
使い捨て食器
野菜や果物を束ねるテープやネット
生ゴミ用ネット
人にやさしい（有毒物質を含まない）
自然に分解する
環境にやさしい（CO2を増加させない）

出典：筆者作成

図 4-3　生分解性樹脂の用途仮説出しの例

ブレインストーミングを行う際には、思考を促すためにフレームワークを利用することも有効である。フレームワークにはいろいろな形が考えられるが、材料や技術の「機能」に着目してそこから発想を広げてもよいし、逆に顧客や市場のニーズを切り口に発想を広げてもよい（図4-2参照）。

事例を用いて実践してみよう。たとえば、食品包装用の生分解性樹脂（100%植物を原料とし、自然界で自然に分解されるエコな材料。石油由来の樹脂を置き換える）を開発したA社が、さらなる売上げ拡大を目指し、フレームワークを使って用途仮説を出すとしよう。

まず生分解性樹脂の強みを整理すると、（1）自然に分解する、（2）環境にやさしい（石油を使わないので大気中の二酸化炭素を増加させない）、（3）人にやさしい（植物由来のため有害物質を含まない）が挙げられた。そこで、それぞれの象限で、それぞれの強みをもとに、既存市場（食品）と新市場に分けて用途仮説を考える（図4-3参照）。

たとえば、食品市場における用途拡大では、野菜や果物を束ねるテープやネット（人にやさしい）、イベント用の使い捨て食器（自然に分解する、環境にやさしい、人にやさしい）、生ごみ用ネット（分解するので、生ごみと一緒に堆肥化でき、環境にやさしい）などが考えられる。また、新市場での新規用途としては、農業用資材（苗の保温用フィルム。土壌中で自然に分解する、野焼きしても有毒ガスが出ない）や建築用資材（自然に分解する土嚢の袋、頻繁に廃棄する養生シート）などの用途で、独自の特性が威力を発揮する。また、「人にやさしい」や「自然に分解する」という強みに着目すれば、玩具用材料（おもちゃの鉄砲の弾）や医療用材料（人間の皮膚に触れる部分や、体内で使用する基材に利用する）にもアイデアが広がるかもしれない。

このように、思考のためのフレームワークを準備すると、アイデアが生まれやすくなる。フレームワークにはいろいろなパターンが考えられるので、その都度テーマに合わせて設定することをお勧めする。

② 売り込み先をリストアップする

用途仮説ができたら、次は売り込み先のリストアップを行う。用途仮説にしたがって、関連がありそうな企業、つまり、その技術に興味を持ちそうな企業をリストアップするのである。たとえば、先述の生分解性樹脂の用途仮説における「農業用資材」に関しては、農業用資材を製造販売する企業を世界中から抽出することになる。抽出の段階で、農業用資材メーカーは材料メーカーから材料を購入し加工するだけ、ということがわかるとしよう。その際は、その先の材料メーカーを探し出して売り込み先リストに加える、ということを繰り返すのである。

業界に精通しているのであれば独自ルートで各企業の連絡先を探してもよい。まったく手がかりがなくても、企業のＨＰにアクセスすれば必ず連絡先や問い合わせフォームがあるので、そこにコンタクトすることになる。これだけ情報が氾濫している時代なので、検索エンジンとキーワードを駆使すれば、企業のリストは誰にでも作成できる。

③ 売り込み

用途仮説ができて売り込み先が決まったら、いよいよ売り込みへと移る。ただし、ここでも工夫が必要だ。

先述の通り、「こんな材料ができました」と無邪気に持ち込んでも、相手にされない。「売り込み先企業の製品のどこに使えるのか」「なぜ使えるのか」を簡潔に説明することで、相手に「気づき」を与える必要がある。用途仮説はそのためにつくったのだ。とくに企業の窓口にコンタクトする場合を想定するとイメージしやすいが、毎日のように売り込みを受けるなかで、届いた売り込みを社内のどの部署に転送すればよいのか、担当者は頭を悩ませるだろう。むしろ担当者をガイドして、しかるべき部門につなげてもらうのである。

たとえば、農業用資材メーカーにコンタクトする際には、「貴社が販売している苗の保温用シートに、この１００％植物由来の生分解性フィルムを使いませんか。土壌中に残っても自然に分解します。また、使用後に野焼きをしても有害ガスを発生しないので、環境にやさしい技術です」など、具体的なメッセージで相手にアピールするのは効果的である。

また、できれば技術をまとめた添付資料を作成し、一緒に送ることも有効だ。技術の概要や自社の紹介、どんな用途での活用が期待されるのか、サンプルが欲しい場合はどうすればよいかなど、相手が当然疑問に思うことをすべて書き出して、こちらから提供するのである。それによって、より技術を理解してもらえるし、こちらの真剣度も理解してもらえる（売り込みに使用する資料の見本は、第5章の帝人のケースを参照）。

④結果検証と用途仮説再検討

売り込みの結果として、「ぜひ使いたい」という回答が来るかもしれないし、「農家はそれを求めてはいない」と仮説を否定されるかもしれない。あるいは「それを紐状にして農業用ネットをつくれないか。収穫後の廃棄時に分離する必要がなくなるのでありがたい」と新しい仮説が見えるかもしれない。それぞれが次に向けた判断材料であり、それを踏まえて作戦を練り直せばよいのである。

反応が鈍いからと気落ちしてはいけない。我々のこれまでの経験上、おそらく、価値のある返答が届く確率は5％未満だろう。１００件売り込んで5件と聞くと少ないが、１０００件売り込めば50件程度は届く計算だ。その50件を最大限に活用するのである。

一方で、まったく反応がないということもある。残酷なようだが、これも1つの判断材料ではないか。1000件売り込みをしてどこも反応しないのであれば、その技術に誰も興味を示さなかったということであり、今後の戦略を見直すきっかけとなる。実際、「これだけやって結果が出ないので、開発を終了する」と、この活動をきっかけにけじめをつけるケースもある。

何もしなければ何も始まらない状況において、できるところから一歩踏み出すとしたら、このような取り組みが1つの糸口になると考えている。

2 提案型アプローチ

次に、提案型アプローチについて紹介する。これは大企業の技術公募に提案することで、技術の出口を見つける方法である。

オープン・イノベーションが広がるとともに、大企業が自社の技術ニーズを社外に公開して、技術を求めるケースが急増している。自社独自に公募することもあれば、仲介業を使って公募することもある。2000年から続くトヨタ自動車の研究公募は有名だが、それ以外にも自社のHP上で技術公募を行う日本企業は多い。また、技術仲介業のHPに行くと、世界中の企業の技術公募が一覧できる。そのような技術公募のなかから、みずからの技術で解決できそうなものを探し出し、提案するのである。うまくいけば大企業に採用され、大きなインパクトにつながる可能性を秘めている。

テーマ4-3：薄層中空白金の合成

白金原子数層の壁、もしくはフレームから成り、中空構造を有するナノ粒子を合成する技術。
例えば、

(1) 有機、無機、生体材料をテンプレートに、外部を白金数層でコーティングする無電解、電解メッキ技術。
(2) 上記白金コーティング後、白金の構造を壊すことなく内部のテンプレートを除去し、薄層中空白金を合成する技術。

[関連するキーワード]
ナノテンプレート、バイオテンプレート、白金電解メッキ、白金無電解メッキ、白金ナノレイヤー、薄層白金構造、テンプレート除去、中空構造、白金触媒活性

出典：トヨタ自動車の「研究公募」資料より筆者作成

図4-4 2014年のトヨタ自動車「研究公募」のテーマの例

売り込み型アプローチに比べると、提案型アプローチの場合、すでに企業の求める技術が開示され、越えるべきハードルがはっきりしているので提案がしやすい。技術を求める企業は真剣そのものであり、うまくはまる技術を保有する場合は採用されやすい。実際、これらの技術募集に積極的にチャレンジしては、成果を積み上げる組織も少なくない（第5章参照）。

では大企業の技術公募とは、どのようなものだろうか。ここでは、トヨタ自動車が2014年に実施した研究公募を例に挙げる。そのうちの1つの技術募集が「薄層中空白金の合成」である（図4-4参照）。これは白金（プラチナ）を使い、中身が空洞のナノ粒子をつくる技術を求めた公募である。おそらく燃料電池自動車の触媒に関する技術だと予想するが、アプリケーションよりも技術に

フォーカスして、求める技術をHP上で開示し、提案を募集するのである。

このケースでは、「例えば」として、アプローチを例示している。つまり「こういう方法であれば実現できるのではないか」というヒントを少し見せることで、これまで自動車業界とはまったく接点のなかった研究者にも提案してもらおうと考えているようだ。自動車や触媒とは関係のない領域で、「無機物を薄く積層させる技術」を研究している研究者の提案に期待しているように見える。つまり、半導体や切削工具の業界で、ALD（原子層堆積技術）やCVD（化学気相成長技術）を研究している研究者に、彼らの技術が活かせるもしれないと気づかせようとしているのだ。

公募する企業側としては、何としてもこの技術を獲得したいため、提案者にできる限りのヒントや情報を与えようとする。その分、読み手も自分が提案できるかどうかの判断がしやすくなるのである。

提案型アプローチの場合、その後の提案書作成に関しても工夫の余地が大きく、戦略的に考えることで結果も大きく変わる。

提案型アプローチの4つのステップ

提案型アプローチの基本的なステップは図4-5の通りである。

まず、技術公募に関する情報を広く収集し、自分が挑戦できそうだという案件を探すことから

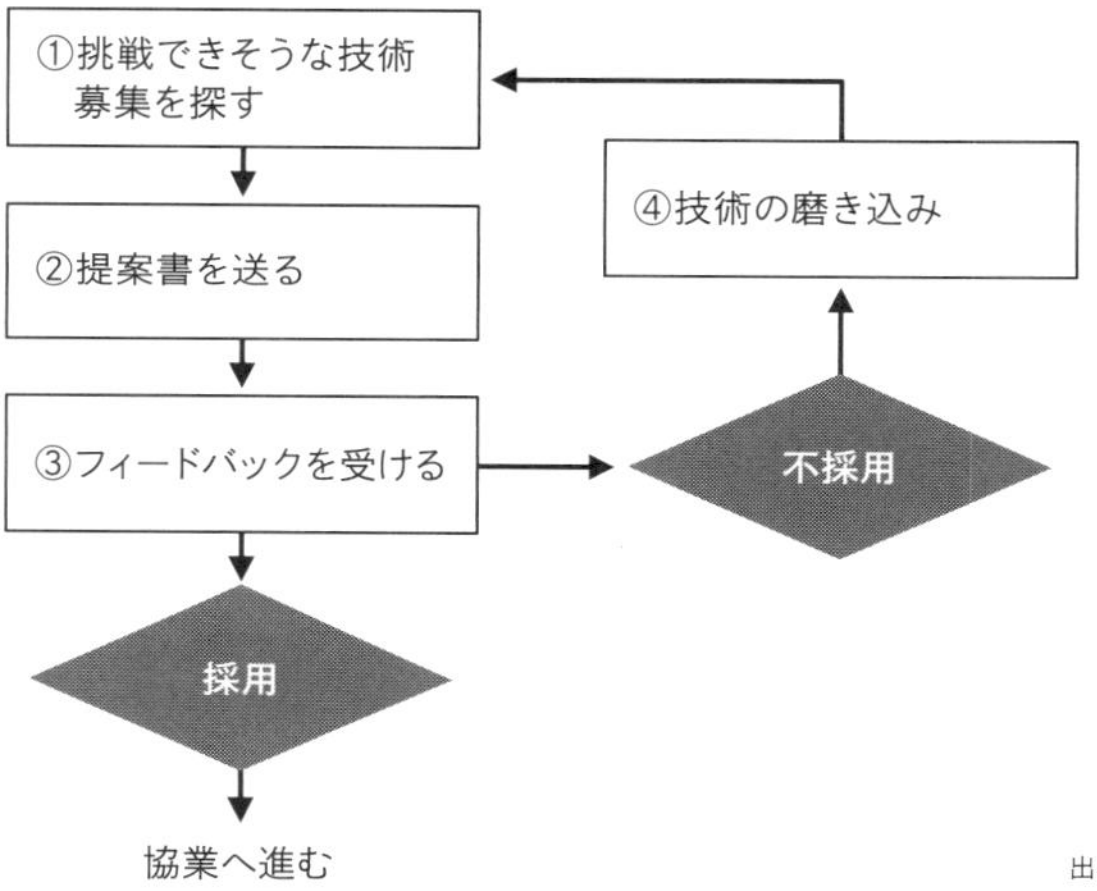
①挑戦できそうな技術募集を探す
②提案書を送る
③フィードバックを受ける
④技術の磨き込み
不採用
採用
協業へ進む

出典：筆者作成

図4-5 提案型アプローチの4つのプロセス

始める。挑戦する案件が決まったら提案書を送り、選定結果を待つのだ。公募の場合、募集する側としてはできるだけたくさんの提案を集めたいと考えて、広く声をかける。つまり、提案する側からすれば、複数との競争である。とくにグローバル公募の場合は、世界中の企業を相手にした競争となる。正直なところ、採用される確率は高くないかもしれない。しかし、少しでもチャンスがあるのであれば、挑戦しない手はない。このような取り組みを繰り返すことによって提案のスキルも上がるし、また結果から学べることも多く、そこから技術の磨き込みにつなげることもできる。

海外の提案と比べると、日本人が作成する提案には、やや控えめすぎるところがあるように感じる。せっかく優れた技術を保有しているのに十分にアピールしきれないために、機会を損失していることも少なくない。そこで、ここからは結果の出やすい提案方法について解説する。

① 技術募集を探す

提案の機会の1つは、企業が独自に行う技術募集だ。

国内だけを見ても、トヨタ自動車、東レ、大阪ガス、味の素、出光興産、旭化成、第一三共、アステラス製薬などが募集を行っているし、グローバル企業に目を向ければ、その数は数倍になる。各企業は、とくに異分野の技術を求めるために公募することが多い。そのため、必ずしも彼らの技術領域になじみがなくても、のぞいてみることをお勧めする。そこでは多様な技術が求められており、なかには自分が対応できるものがあるかもしれないからだ。

たとえば医薬品メーカーの募集では、薬剤に関連する技術ばかりでなく、材料技術が求められたり、電気制御デバイスが求められたりする。食品メーカーが検査技術を求めていたり、自動車メーカーがソフトウェア技術を求めていたりと、バリエーションは豊富である。つまり、先入観を持たずにこれらの技術募集を眺めながら、挑戦できそうな募集案件を探すのである。

もう1つの機会は、大企業の技術探索を支援する技術仲介業が行う技術募集だ。技術募集を専門にしているだけあって、それぞれ多くの案件を抱えている。国内企業だけでなく、海外企業の技術公募も行っているため、グローバル企業との協業にチャレンジしたい場合にはちょうどよい。仲介業は、自社のHPに募集中の案件を掲載しているため、そこを定期的に訪問しながらチャンスをうかがうこともできる。さらには、彼らが定期的に配信するニュースレター（通常は無料）に登録して募集案件をチェックするという手もある。これらの募集案件をチェックしているだけでも、世の中のニーズが把握できるため、ベンチャー企業や大学教授のなかには、研究の方向性を決める際の参考情報にしている人もいる。

② 提案書を送る

可能性のある技術募集を見つけた際には、提案書を作成することになる。大企業の技術募集では、多くの場合に提案提出のためのガイドラインが掲載されている。提案書作成の際はそれを参考にすればよい。ただし、その作成方法が結果を大きく分けるため、工夫が必要だ。ちょっとした工夫が結果を分けるということもご理解いただきたい。

わかりやすいように、まず悪い例から紹介しよう。

基本的に、情報不足の提案は採用の可能性が低くなる。もちろん、提案の時点では秘密情報を開示できないため、書ける情報も限られるかもしれない。ただ少なくとも、相手が求めている情報は開示が必要だ。それを書けない場合には、代替する表現でよいので何か記載すべきである。たとえば、どう解決するか（How）に秘密があるのであれば、結果としてどんなモノ（What）が得られるのか等を記載すればよい。とにかく、書ける範囲で技術を思い切りアピールすることが重要になる。

弱気な提案も損をする。公募の場合は、世界中から技術を募集していることも多い。つまり、競争相手となるのは日本の組織だけではないのである。

海外の研究者の提案を一度でも見れば、そのアグレッシブさに驚くと思う。書面の審査で落とされては実力も見てもらえないので、必死に技術を売り込んでくる。10のうち5～6もできていれば、彼らは積極的に提案してくるのだ。その点、日本の研究者は正直すぎるとも感じる。そもそも、10求められているなかで9～10でなければ提案してこない研究者が多い。強みを全面に押し出して提案する外国人と、弱みを気にして提案を控える日本人、という構図が典型だ。「ダメでもともと」のメンタリティーで挑戦することが結果を残す要因であることは、次章でも詳しく説明する。

ただし、横柄な提案も敬遠されがちなので注意が必要だ。実際の例であるが、名刺一枚を郵送してきて「私の名前を見れば、この業界の人であればわかるはずだ」と言った大学教授がいた。たしかに、その筋では有名な業界の大御所ではあった。しかし、具体的な提案がなく、かつそのような態度ではまともな協業は期待できないということで、不採用になっている。相手も人間である。「あなたと組みたい」と思われなければ、採用には至らないのだ。

では、よい提案書とは何か。巧みだと感じる提案に共通している点がいくつかあるので、それを記載する。

● 必要十分な情報を簡潔にまとめている

提案書は、3～5枚でアピールすることを意識したい。提案が長すぎても短すぎても相手の印象を悪くする。どれだけ複雑な技術でも、最長5枚でまとめられなければ再考の余地があるだろう。もちろん、提案を補完する資料として、過去の論文や研究発表資料を添付することは有効であり、そこに関してはページ数を気にする必要はない。

● 技術をアピールする

提案する技術を過不足なく、効果的にアピールすることが重要だ。たとえば、提案する技術の概要に加え、現在のパフォーマンスと将来達成できるパフォーマンス、開発の背景や競合優位性、技術の開発ステージなど、読み手が知りたいことはしっかり記載すべきである。また強がるばかりではなく、正直な情報開示も重要である。現状の課題、どこをどのように改善すればよりよい技術になるのかなど、課題や弱みまでを記載して一緒に改善していくことを提案するなど、腹を割ったコミュニケーションも相手の信頼を得るためには効果的である。

● 写真・動画やデータを豊富に活用する

「百聞は一見に如かず」という言葉がある通り、写真や実験データなどを活用し、視覚に訴えることも効果的である。最近では、YouTube（動画投稿サイト）に動画を投稿して、そのリンクを送ってくるという気の利いた提案者も増えてきている。提案書を読む側は、必ずしもあなたの技術に精通しているわけではない。できるだけわかりやすく、「通じる提案書」をつくる努力として、写真や動画、実験データを有効活用すべきだ。

● 予算に対する考え方が明確

募集側が最も気にしている点の1つに、協業に進んだ際の予算規模がある。どのくらいの予算で協業を進めることをイメージしているのか、あるいは、どのくらいのファンディングを必要としているのかなど、必要な費用とともに提案書に盛り込むと相手の安心感につながる。決して無理なディスカウントをする必要はない。金額そのものでなく、納得感のある予算の考え方をしているという点が重要なのである。たとえば、総予算額だけでなく、その内訳を簡単に記載するだけで、読み手の納得感と安心感は高まる。

● 知財に対する考え方が明確

予算と同様、知的財産の取り扱いに関しても、募集側は気にすることが多い。バックグラウンドＩＰ（従来から保有している知的財産）を持つ場合や、協業の末に新規特許ができた場合、その所有権と使用権に関してどのようなスタンスで臨もうとしているかを記載することも効果的である。大学の場合は、各国ごとのバイ・ドール制度の影響下にあるし、研究機関の場合、自身にとってコアかノン・コアかによって対応を柔軟に変えられることもあるため、事前に組織としての知財ポリシーや希望を伝えるとよいだろう。知財に関するボタンの掛け違いを未然に防ぐとともに、ポリシーによってはアピールにもなるのだ。

● 実力を知ってもらうための情報がある

これは過去に大企業と協業した実績や受賞履歴、ファンドからの出資状況などわかりやすい例だ。中心となる研究者の経歴を記載することもよくある。あるいは、自社に関して第三者機関が作成した企業レポートや、取材を受けた際のプレスリリースなども有効だ。

もし募集要項だけでは要求を理解しにくい場合は、募集側に質問することも問題ない。募集側は、機密情報の漏えいを気にして、募集要項上に十分な情報を開示できない場合も多い。そのようなときでも、遠慮せずに質問をすると追加情報を得られることがある。1対1の質問であれば比較的情報開示はしやすいのだ（提案書のサンプルは図4-6を参照）。

③&④ フィードバックを受ける・技術の磨き込み

企業の技術公募に提案をすると、数週間後、審査の結果が手元に届く。一般的に、1つの技術募集に対して数十件の提案が提出されることが多い。つまり提案する側からすれば、数十倍の競争率だ。

グローバルでの公募であれば、ライバルは海外の組織となる。当然、簡単ではない。幸い採用されて協業につながることもあるし、残念ながら不採用となることもある。しかし、不採用になっても落ち込む必要はない。評価はあくまで募集企業側の論理で行われるが、技術的な視点に加え、企業側内部の複雑な要因も勘案して評価されるため、必ずしも技術の良し悪しだけではな

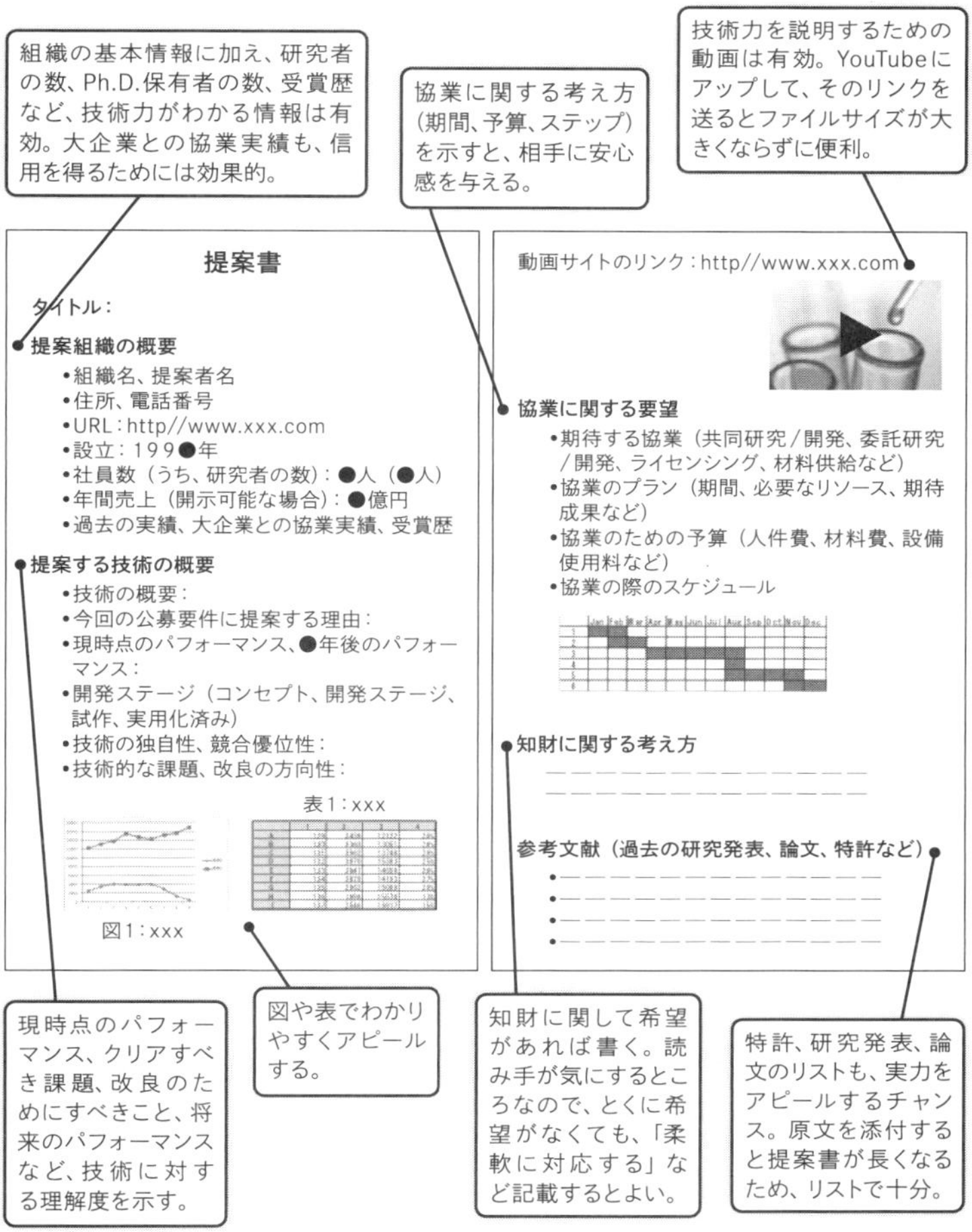
組織の基本情報に加え、研究者の数、Ph.D.保有者の数、受賞歴など、技術力がわかる情報は有効。大企業との協業実績も、信用を得るためには効果的。
協業に関する考え方(期間、予算、ステップ)を示すと、相手に安心感を与える。
技術力を説明するための動画は有効。YouTubeにアップして、そのリンクを送るとファイルサイズが大きくならずに便利。
提案書
タイトル：
提案組織の概要
•組織名、提案者名
•住所、電話番号
•URL：http//www.xxx.com
•設立：199●年
•社員数（うち、研究者の数）：●人（●人）
•年間売上（開示可能な場合）：●億円
•過去の実績、大企業との協業実績、受賞歴
提案する技術の概要
•技術の概要：
•今回の公募要件に提案する理由：
•現時点のパフォーマンス、●年後のパフォーマンス：
•開発ステージ（コンセプト、開発ステージ、試作、実用化済み）
•技術の独自性、競合優位性：
•技術的な課題、改良の方向性：
表1：xxx
図1：xxx
動画サイトのリンク：http//www.xxx.com
協業に関する要望
•期待する協業（共同研究/開発、委託研究/開発、ライセンシング、材料供給など）
•協業のプラン（期間、必要なリソース、期待成果など）
•協業のための予算（人件費、材料費、設備使用料など）
•協業の際のスケジュール
知財に関する考え方
参考文献（過去の研究発表、論文、特許など）
現時点のパフォーマンス、クリアすべき課題、改良のためにすべきこと、将来のパフォーマンスなど、技術に対する理解度を示す。
図や表でわかりやすくアピールする。
知財に関して希望があれば書く。読み手が気にするところなので、とくに希望がなくても、「柔軟に対応する」など記載するとよい。
特許、研究発表、論文のリストも、実力をアピールするチャンス。原文を添付すると提案書が長くなるため、リストで十分。

出典：筆者作成

図 4-6 提案書のサンプル

いからだ。

むしろ、不採用の理由に大きなヒントがある。不採用の理由が技術的な未熟さであれば、それを改善すればよい。このような挑戦を続けながら提案スキルを高めている組織は、徐々に採用率も上がる傾向にある。実際、「当たって砕けろ」「まずは提案しなければ何も始まらない」といったメンタリティーで果敢に挑戦する組織が結果を出している。

私は常々、技術のマッチングは恋愛と同じだと説明している。

恋人（技術）を求める同士が出会って恋に落ちる（協業に進む）。そのためには、相手の気持ちをよく考え、こちらの思いを伝えることが必要になる。基本はシンプルであり、複雑に考えることはない。そして、オープン・イノベーションは、恋のきっかけを提供するツールにすぎない。どんどん活用して、相手を見つければよいだけである。

日本の技術は世界でも評価が高い。いま、日本の技術は「モテ期」にあるのだ。このタイミングを逃してはいけない。人間同士の恋愛であれば、常識的には1対1だが、技術のマッチングは1対Nである。「モテる技術」があれば、いくらでも恋愛を謳歌できる。ぜひ積極的に保有する技術をアピールして、成果につなげてほしい。

日本の底力を世界に見せつけるとき

本章で見てきた通り、技術探索型オープン・イノベーションの広がりとともに、大企業の研究開発部門が門戸を開き、積極的に社外の技術を取り込むようになっている。言い換えれば、優れた技術を持つ企業やアカデミアにとっては、大企業に技術を売り込める大きなチャンスが巡ってきたということでもある。

10年前まで、とくに日本においては、このような状況は想像もできなかった。現在、急激に研究開発のあり方に変化が生じている。おそらく、モノづくりの歴史において、これほど大きな変化が短期間で起こったことはないのではないだろうか。

これまでのように、優れた技術を大企業だけが保有する時代は終焉を迎え、中小企業やベンチャー企業、そして大学にも高いレベルの技術が存在するようになっている。同時に、それら優れた技術が正しく評価されるようにもなってきた。世界を見渡すと、設立間もないベンチャー企業が、グローバル企業を相手に対等の立場で共同開発を行うケースも頻繁に耳にする。大学の教授が独立・起業して成功を収めるようなケースも増えてきた。こうした流れは、技術を持つ組織にとっては大きなチャンスである。

私は、いまこそ日本の底力を見せるべきだと考えている。シリコンバレーと違い、ベンチャー企業が育ちにくいという現状を嘆く人も多いが、これまで培ってきた高いポテンシャルはいまだ健在であり、日本の中小企業や大学は、十分に世界と戦える優れた技術を持っているのだ。

オープン・イノベーションは、技術を求める組織と、技術を持つ組織が出会い、新しい価値を創造するための手段である。この機会をとらえ、世界で戦うことは、もはや日本の製造業の使命であるとさえ考えている。グローバル企業のなかには、日本を「宝の山」と呼び、あえて日本での技術探索を進める企業も存在する。「ジャパン・プレミアム」と呼ばれ、「日本人がつくった技術だから間違いないだろう」と日本発の技術に下駄をはかせる傾向まであると聞く。

自分たちの技術に自信を持ち、積極的に世の中に発信することで、日本の底力を世界に見せつけてほしいと心から願っている。

第5章

技術の売り方を4つの実践事例で学ぶ

大企業、中小企業、ベンチャー企業、大学、それぞれの挑戦

技術を求める組織があれば、その反対側には技術を提供する組織がある。そして、優れた技術を保有する組織は提供側になることができる。

前章では、技術を持つ組織が、みずからの技術を価値に結び付けるための具体的方法は2つあると解説した。1つは、自社の技術に関する用途仮説を構築し、それにしたがってターゲットとなりうる組織に売り込む「売り込み型」。もう1つが、世の中に公開されている大企業の技術ニーズに対応する「提案型」である。

いずれの方法に関しても相応の難しさはあるが、研究開発のオープン化という千載一遇のチャンスを活かそうと考えるのであれば、挑戦しない理由はない。挑戦しなければ何も始まらないし、そこで得られる知見は今後の財産となるはずだ。

たとえ、その技術に誰も興味を示さないという厳しい現実を思い知らされたとしても、それはそれで1つの結果である。「いつか日の目を見るときが来る」という根拠のない期待とともに、競争力のない技術に無用なコストをかけ続けることは避けるべきだ。可能性がないのであれば早めに見切りをつけて、さっさと次の開発にリソースを割く。その判断をすることも開発者の責任である。

本章では、保有する技術を価値につなげる、技術から始まるオープン・イノベーションについて具体例を紹介する。日本の大企業、中小企業、ベンチャー企業、そして大学というタイプの異

なる4つの組織の例を挙げ、それぞれの立場に必要なポイントを解説する。

まず紹介するのが帝人の取り組みだ。帝人は、自社が保有するナノファイバー技術を異分野へ用途展開する、いわゆる売り込み型オープン・イノベーションに取り組み、結果を残している。優れた材料を持つ日本のメーカーにとっては、自社の素材の出口を広げる1つのやり方として参考になるだろう。

その他3つのケースは、長野県にある中小企業、神奈川県にある開発型ベンチャー企業、そして地方国立大学の取り組みである。いずれも、大企業の技術公募に対して、自分たちの保有する技術を提案し、成果に結び付けている。中小企業やベンチャー企業、そして大学や研究機関の研究者にとっても、オープン・イノベーションの広がりはチャンスになるはずだ。

成功する組織に共通していることは、「失敗を恐れない、積極的な姿勢」である。それを実例とともに本章で伝えたいと思う（守秘義務契約の関係から、提携内容の詳細は割愛することを了承いただきたい）。

Case1

大企業の強みを活かした技術提供（帝人）

繊維、化成品、医薬・医療と幅広く事業を展開し、さまざまな優れた素材を持つ総合化学メーカーとして知られている帝人は、日本国内で早くからオープン・イノベーションに取り組み始めた企業の1つである。

元をたどれば、旧制米沢高等工業学校（現山形大学工学部）の教授で、日本ではじめて人造絹糸（レーヨン）の製造に成功した秦逸三氏が、学友の久村清太氏の支援を受けて1918年に設立したのがその発祥である。大学発ベンチャーの先駆けと言え、リスクを恐れずに新しい仕組みにチャレンジするベンチャー・スピリットはいまも健在だ。

帝人の特徴は、技術探索型だけでなく、みずからの持つ素材技術を活かした技術提供型のオープン・イノベーションにも挑戦していることだ。ここでは、帝人が自社開発したナノファイバーに関して、技術提供型オープン・イノベーションに挑戦したケースを紹介する。

衣料技術を医療の世界に発信する

帝人が2012年2月に発表した中期経営ビジョン「CHANGE for 2019」では、売上高（グループ全体）の目標値として、2016年には1・3兆円、2020年には2兆円を掲げている。(注1) 2011年度の実績が7900億円であることからも、それがいかに挑戦的な目標であるかがわかるだろう。

その成長を牽引するのは、「高機能材料」と「ヘルスケア」とされている。詳細を見て最初に目に入るのが、「ソリューション提供型ビジネスモデルの強化」だ。その要素の1つに、「グリーンケミストリー、ヘルスケア、およびその融合領域での成長」という表現がある。つまり、「素材技術とヘルスケア技術の融合」が目玉の1つであり、素材で培った技術をヘルスケアの用途に展開して、新しい用途を開拓する試みも含まれている。

その最初のケースが、帝人ファイバー（当時）が開発したポリエステル製ナノファイバー「ナノフロント」である。技術提供型オープン・イノベーションへの挑戦だ。

ナノファイバーとは、直径数100ナノメートル（1ナノメートル＝1メートルの10億分の1）の繊維のことだ。帝人は、2012年から、直径400ナノメートルの「ナノフロント」の量産を開始した。ナノフロントで織った繊維は、従来の繊維と比較して10倍の表面積を持つため、吸水性や吸着性がよく、肌触りが柔らかく刺激が少ないという特長を持つ。この技術は機能性スポーツウェア、インナーウェア、スキンケア商品、抗菌フィルター、精密研磨用クロスなど、さまざまな用途に利用できる革新的な技術である。

だが当時、ナノフロント関連商品の売上げは伸び悩んでいた。衣料の世界では、通常の繊維と比べて、ナノフロントを使った布の優位性を打ち出しにくかったのである。また製品単価の低い

（注1）2014年11月に2016年の目標を8000億円へと修正。

衣料用途では、ナノフロントを使うことによるコストアップも受け入れられにくかった。

提案を想定して技術用途の仮説を立てる

あるとき、さらなる売上げ拡大を目指すなかで、この繊維の生体適合性（人間の体内で使用しても拒絶反応が起きない性質）に着目した社内チームから、医療用途に使えるのではないかというアイデアが浮かび上がってきた。そこで、医療用途で使うとしたらどのような用途が考えられるのかを、社内で徹底的に検討したのである。

議論の結果、5つの用途仮説が導かれた。①骨と筋肉をつなぐ人工靭帯《じんたい》、②手術後に傷口をふさぐために皮膚を縫う縫合糸、③人工血管、④パッチDDS（薬剤を皮膚から浸透させる徐放用シート）、⑤吸着材（特定の物質

表 5-1 ナノフロントの用途仮説と強み

用途の仮説		ナノフロントの強み
1	人工靭帯	微細繊維を利用することにより、炎症を抑えられる
2	縫合糸	縫合部分の炎症が少なく、早期治癒に効果的
3	人工血管	微細繊維への細胞付着により、生体適合性が向上する。また、繊維同士の吸着が進み、切断端のほつれや、損傷のリスクが低減し、手術が容易になる
4	パッチDDS	極細繊維間空隙の吸着を利用した徐放性・定量性に優れる
5	吸着材	白血球吸着材としてポリエステル微細繊維が使用されたり、エンドトキシン吸着材として、ポリスチレン系海島繊維が使用されたりしている。極細繊維あるいは海島繊維は、種々の熱可塑性ポリマーにより作成することができるので、特定の物質・ウイルスの吸着性を向上させるポリマー、あるいは海島ポリマーを組み合わせることで、高い吸着性を発揮する可能性がある

出典：ナインシグマ・ジャパン資料より筆者作成

やウイルスを吸着する材料）である。

また、それぞれの用途仮説に対する訴求点（ナノフロントの強み）も併せて明確化している。たとえば、「人工靭帯」という用途に関しては「微細繊維を利用することで炎症を抑えられる」とし、「縫合糸」という用途に対しては「生体適合性がよく縫合したあとも炎症が起こりにくいため、早期治癒に効果的」としている。人工靭帯メーカーや縫合糸メーカーがそれを見て関心を持てるような、アピールポイントをつくり上げたのである（表5-1参照）。

売り込み先の選定

用途仮説を構築した後は、ナノフロントの売り込み先の抽出を行う。人工靭帯メーカー、縫合糸メーカー、人工血管メーカーなど、用途仮説にしたがって、それらを製造する企業を世界中からリストアップしたのだ。情報が氾濫している現在、工夫次第でさまざまな情報が入手可能である。帝人は、自社技術に関連する企業を世界中からリストアップした。

リストアップの際は、メーカーだけでなく、販売を主導する代理店や、ユーザーになりうる組織も含めるようにした。彼らはマーケット側の視点を持つため、製品のよさに気づけば、メーカーに働きかけることもあるのではないかという期待が背後にある。

その期待は間違っているかもしれないし、正しいかもしれない。重要なのは、可能性が少しでも感じられる場合は、売り込み先リストに積極的に含めることである。あてが外れたからといって大きな問題はない。「そこまでやって結果が出なければあきらめる」程度の気持ちだった。

募集要項を作成してコンタクトする

リストアップを終えたら、いよいよそれぞれの組織にコンタクトして、ナノフロントをアピールすることになる。帝人は、ここでも2つの工夫をしている。

1つ目の工夫は、売り込む相手によってメッセージを変えたことである。たとえば、縫合糸メーカーに対しては、「帝人が開発したナノファイバーは、生体適合性がよく炎症が起きにくいことから、早期治癒に有効です。貴社の縫合糸の材料としてご検討ください」といったメッセージを送っている。この技術が「どの製品に使えるのか」「なぜ使えるのか」を明確に伝え、売り込み先に「気づき」を与えながらコンタクトをするのである。メッセージを受け取った企業の担当者が、社内のどの部門に、どのように伝えてほしいかを徹底的に検討して文面を考える必要がある。このケースでは、世界中の企業、約800社に対してメッセージを発信している。

そし2つ目の工夫は、相手に安心感を持ってもらうために、その他の補助資料、たとえば帝人の企業概要やおもな実績はもちろん、ナノフロントの基本的な仕様、他のナノファイバーとの違い、関連特許などを簡潔にまとめた添付資料を同封したのである。コミュニケーションに使用した資料のイメージは、図5-1を参照してほしい。

技術提供先を探す組織が実際に活用できるよう、募集要項のポイントを明記しておく。

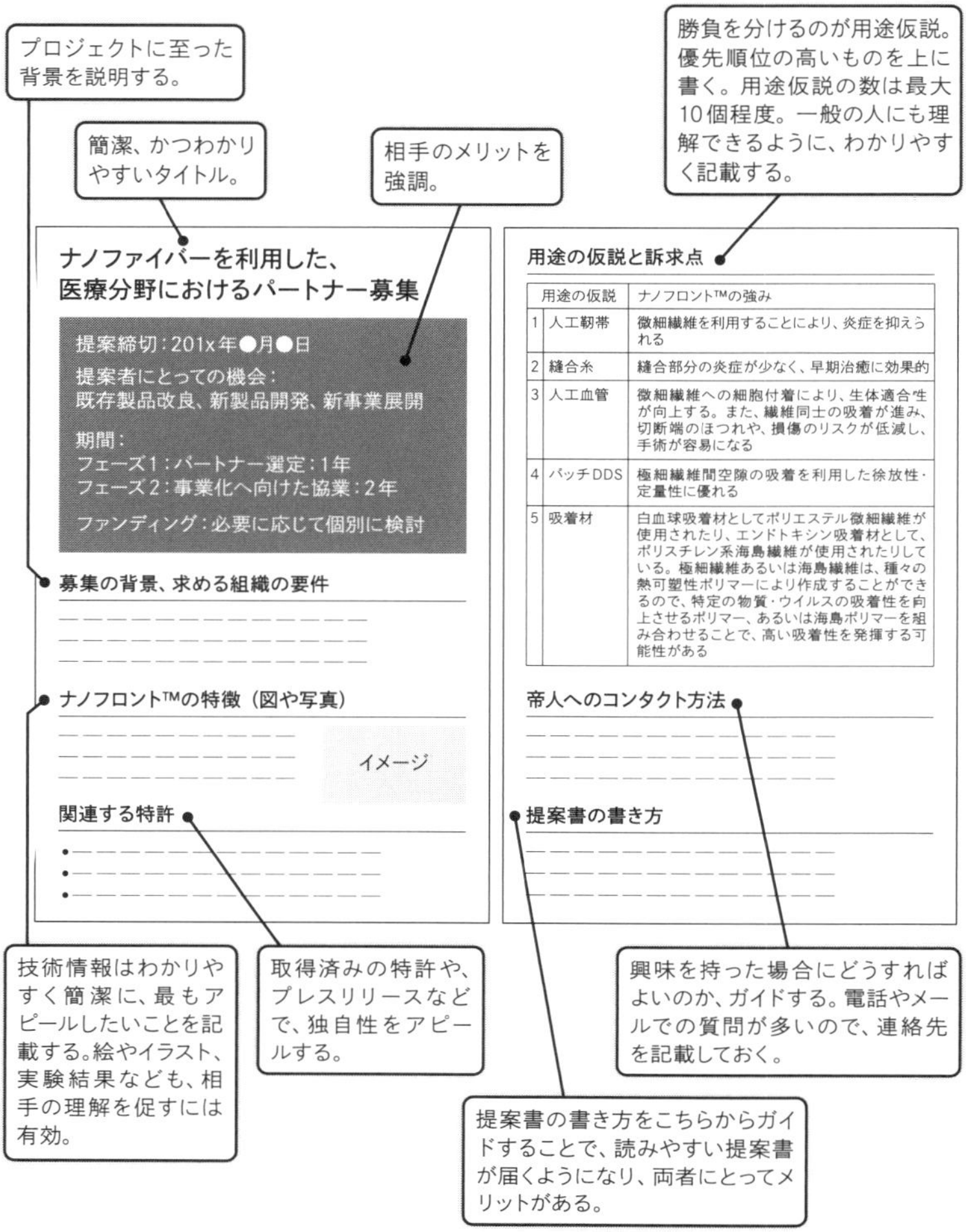

	用途の仮説	ナノフロント™の強み
1	人工靭帯	微細繊維を利用することにより、炎症を抑えられる
2	縫合糸	縫合部分の炎症が少なく、早期治癒に効果的
3	人工血管	微細繊維への細胞付着により、生体適合性が向上する。また、繊維同士の吸着が進み、切断端のほつれや、損傷のリスクが低減し、手術が容易になる
4	パッチDDS	極細繊維間空隙の吸着を利用した徐放性・定量性に優れる
5	吸着材	白血球吸着材としてポリエステル微細繊維が使用されたり、エンドトキシン吸着材として、ポリスチレン系海島繊維が使用されたりしている。極細繊維あるいは海島繊維は、種々の熱可塑性ポリマーにより作成することができるので、特定の物質・ウイルスの吸着性を向上させるポリマー、あるいは海島ポリマーを組み合わせることで、高い吸着性を発揮する可能性がある

出典：ナインシグマ・ジャパン資料より筆者作成

図5-1｜帝人が売り込みで使用した募集要項のイメージ

まずは、タイトルだ。最初に目に入る部分であり、見た人が瞬時に理解できるように、できるだけ簡潔にする必要がある。帝人のケースでは、「ナノファイバーを利用した、医療分野におけるパートナー募集」とした。「ナノファイバー」「医療分野」「パートナー募集」などのキーワードを組み合わせることで、相手の興味をそそるような工夫もしている。

また、続く募集概要も重要である。必要な要素を簡潔かつ具体的にまとめなければならない。いつまでに返事がほしいか、相手（帝人に提案する側）のインセンティブは何か、協業に進むとしたらどのような流れか、追加開発に関する費用は誰が持つのか、などを明記している。

以降の構成も巧みに設計されている。読み手が知りたいと思える項目に対して、ことごとく簡潔な記述で答えるのである。たとえば、募集に至った背景、ナノフロントという製品の特徴、関連する特許、そして、すでに紹介した用途仮説。さらには、関心を持った組織が次にどうすればよいかをわかりやすく記載したコンタクト方法の説明や、提案書の書き方のガイドなどまでを詰め込んだ。

このように、たった2枚の募集要項に、必要十分な内容を凝縮しているのである。たとえこの募集要項が独り歩きしても、読み手は即座に募集の狙いを理解できる。

帝人は、こうした要項を日本語版と英語版の2種類で準備し、日本企業には日本語で、それ以外には英語で一斉送信した。

大企業の強みを発揮する

リストアップした世界中の組織への売り込みを開始すると、数日で反応が出始めた。想定通り、用途仮説ごとに協業提案が届き始めたのである。

海外メーカーもあれば、日本のメーカーもあった。それぞれが自社の製品への応用を前提に、帝人に対して協業希望提案を提出してきたのである。「サンプルを見たい」「話がしたい」といったリクエストや、「自分だったらこういう用途に使う」という新しいアイデアの提案もあった。最終的に帝人は、そのなかで最も有望と思われる組織との共同開発へ移行した。

まさに第4章で解説したような方法論にしたがい、自社が保有する技術に対して明確な用途仮説を構築し、用途仮説にしたがってコンタクト先をリストアップした後、カスタマイズしたメッセージでコンタクトする、というアプローチを忠実に実行した。そして、成果に結びつけたのである。

帝人のように、優れた素材や技術を持つ日本企業は多い。ただ一方では、その出口が見つからずに苦労している企業も多いのだ。日本の、とくに大企業からの売り込みであれば、相手に関心を持ってもらえる可能性が高い。

この仕組みを「押しかけ展示会」と呼んだ企業があるが、言い得て妙である。日本にいながら世界に対して発信していく、展示会の代替という考え方もあるかもしれない。帝人の取り組みを参考にして、大企業として積極的に技術を発信するのも1つの手ではないか。

Case2

中小企業の技術が大企業を凌駕する（ハタ研削）

長野県安曇野市。北アルプスを望む風光明媚な場所にハタ研削はある。社員数75名、売上げ11億円（2013年度）。典型的な地方の中小企業だが、この会社には勢いがある。技術を求める大企業の技術募集にチャレンジして、見事に結果を出しているのだ。

オープン・イノベーションの広がりにともない、大企業が門戸を開き出したこのチャンスを活かしている。ハタ研削のケースから、積極的に大企業に技術を提案することで協業を進める、日本の中小企業の姿を紹介したい。

世界トップ・シェアを誇る中小企業

ハタ研削は、1979年、現会長の畠山泰彦氏が、「自分の力を試してみたい」との想いから15年勤めた精密機器メーカーを退職し、精密金型の製作や特殊合金の研削加工技術を頼りに独立したのがその始まりだ。当時は、自宅の駐車場を改造して事務所を構えた。

当初は、大手メーカーの下請けとして、セラミックスや金属の精密研削・研磨加工を行っていたが、あるとき大手セラミックスメーカーとの面談の際に言われた、「研削加工技術を制する者が半導体を制するようになる」という一言にヒントを得て、セラミックスの精密研削加工分野に参入したのだった。その後、転機はすぐに訪れた。コピー機やファックスに使われるセラミックス製の部品の量産化に日本ではじめて成功し、大量受注につながったのである。

さらにその後、付き合いのある電線メーカーから「これからは光通信の時代だ」と言われたことをきっかけに、光ファイバーの接続や分岐に使う「V溝基板」の開発を開始した。V溝基板とは、光ファイバーを固定する溝を加工した基板のことであり、溝の数が多いほど固定する光ファイバーの数も増える。それまでは、1㎠の石英ガラスの基板上に8本しか加工できないとされていた溝を48本まで増やし、それを量産化した。1994年のことである。依頼主の「田舎の会社には無理かもしれない」という言葉が、畠山氏の心に火を付けたという。

この技術を使えば、情報を運ぶ光通信の道が6倍になる計算で、そのインパクトは絶大だった。ハタ研削の基盤は多くの通信メーカーに採用され、世界シェアは70%まで増えた。決してあきらめない粘り強さで勝ち取った世界トップ・シェアである。

大手企業の技術募集に挑戦

2008年、ハタ研削は大手印刷機器メーカーの技術募集に目を付けた。小さなセラミックス素子に、幅50ミクロン、深さ200ミクロンのトレンチ（溝）を高速・高精度、かつ低温で加工する技術を求めるという内容であった（図5-2参照）。

セラミックスへの微細トレンチ加工技術の開発パートナー募集

圧電セラミックス（ピエゾ素子）へ微細トレンチを加工する技術の開発パートナー募集

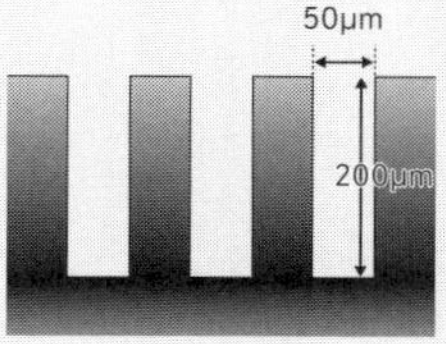

求める技術

- 加工対象物：ピエゾ素子（圧電セラミックス）、大きさ約60mmX20mm
- 求める加工精度
  - トレンチの幅：50ミクロン以下
  - トレンチの深さ：200ミクロン以上
  - トレンチの間隔：50ミクロン以下
  - トレンチのひずみ精度：±5ミクロン以下
- 求める加工スピード：5分で600本以上
- 加工雰囲気：150度以内

協業予算：年間1000万円

締切：2008年5月9日

募集の背景

現在、ピエゾ素子をアクチュエーターに使ったインクジェットヘッドの製造を行なっているが、今後、印刷の解像度を上げるためにさらに微細な加工を必要としている

出典：ナインシグマ・ジャパン資料より筆者作成

図 5-2 ｜ハタ研削が挑戦した技術募集の要項

実は、募集主体の印刷機器メーカーは、それ以前に自分たちのネットワークをくまなく探していた。しかし、解決できる技術が国内に見当たらなかったため、技術仲介業を使って海外から技術を探そうとしていたのだ。その技術募集要項が、とある大田区の中小企業の目にとまり、そこから畠山会長に「挑戦してみてはどうか」と声がかかったのである。

畠山会長は、「会社を設立して30年、セラミック加工に関しては経験も自信もあったため、募集要項で求められている要件が大変難しいことはすぐに理解できた。とくに、低温での加工（150度以内）に関しては、世界中で求められている、きわめて難易度の高い技術だということを知っていた。一方で、自分たちの技術であれば解決できるかもしれないという想いもあった。『それならば、おれに任せろ！』という気持ちで提案した。その時点では、相手がどこの国の、どんな会社かもわからないままの提案であった」と語っている。

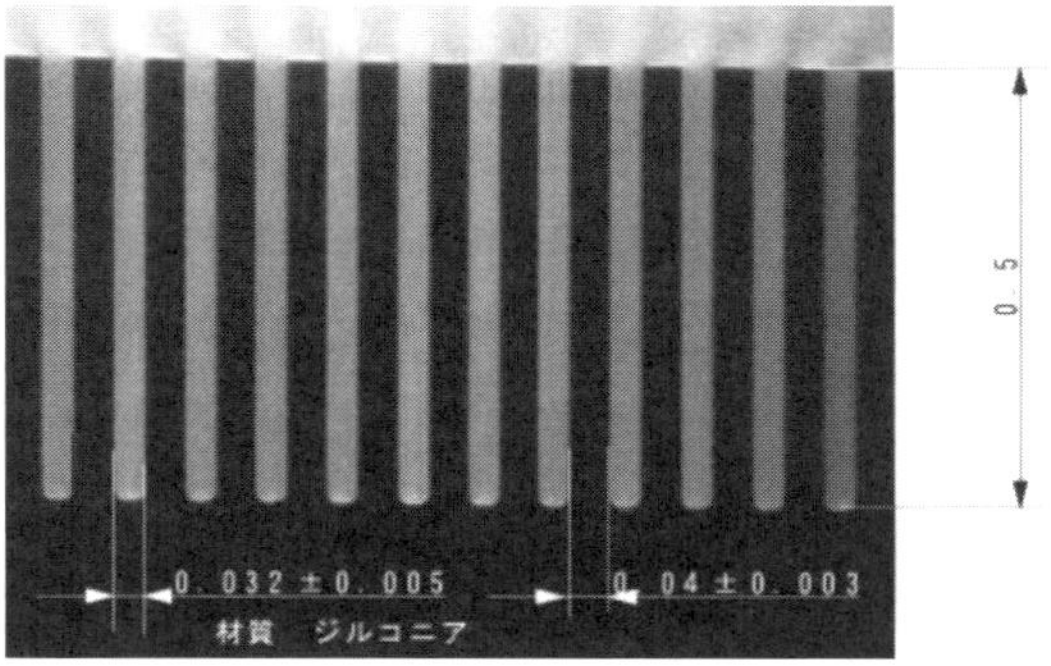

提供：ハタ研削

ハタ研削が提案書に添付した顕微鏡写真（単位はmm）

国内か国外かすらわからない状況で、どうすれば自社の実力をわかってもらえるのか。提案に関しては、どこまで書けばよいのか悩んだという。何しろ、相手企業がどこだかわからないなかでの提案である。

そこで畠山会長が考えたのは、ハタ研削の実力を示す顕微鏡写真の添付である。「見る人が見ればわかるはず」という思いで、1枚の顕微鏡写真を添付したのだ（写真参照）。

募集要項で要求されている技術レベル（幅50ミクロン、深さ200ミクロン）をしのぐ溝加工の写真である。この1枚の写真が、相手企業の担当者に衝撃を与えた。

無名の中小企業が大企業に与えた衝撃

提案を提出して数週間後、募集を行っていた印刷機器メーカーから、直接畠山社長のもとに協業に向けた話し合いの依頼が届いた。「直接連絡を受けて、はじめて相手の企業名を知ったが、正直驚いた。この世界では誰でも知っている大企業だったので」と、畠山会長は話す。

東京の本社に呼ばれ、まずは技術的な質問をされた後、サンプル提出の機会をもらうこととなる。サンプル加工の機会さえもらえれば、そこからはハタ研削の本分である。早速、要望通りのサンプルを提出した。その技術の確かさを見抜いたメーカーの担当者が、すぐに長野県までハタ研削を訪問して秘密保持契約を締結し、今度は彼らの材料で加工することを依頼したのだ。それも難なくクリアしたところで本格的な協業に進み、そこから、資金提供を受けてさらなる技術の磨き込みが始まった。

このメーカーとの協業により、ハタ研削ではさらに微細な加工ができるようになったという。加工技術が認められ、現在でも、このメーカーからはさまざまな材料で受託加工が続いている。さらには、この一件が業界内でも広まり、その他の大手からも問い合わせが来ているという。

一方、技術募集を行ったメーカー側の驚きも大きかった。「我々もそれなりのリサーチをし、このレベルの技術は日本にはないと判断して、海外から技術を探索すべく募集を行ったつもりでいた。にもかかわらず、群を抜いて優れた技術が長野の、それも無名の企業から届いたのだ。日本の技術力の高さをあらためて思い知らされた」とメーカー側の担当者は語った。

目の前の貴重な機会を見逃さない

ハタ研削がこのような成果を上げている理由は、どこにあるのだろうか。

高い技術を持っていることは当然として、インタビューを通して私が感じたハタ研削の強みは、情報を収集するアンテナの高さ、そして困難に対しても果敢に挑戦する姿勢にあると考える。大手メーカーの何げない一言から事業のヒントを得る、あるいは大手企業の技術募集に挑む姿勢があってこそ、現在の姿がある。畠山会長は次のように語った。

「大企業の技術ニーズに提案する場合、ハードルをクリアできればすぐにビジネスチャンスが生まれるというメリットがある。採択されれば大企業の支援を得られるのもありがたい。今回の加工技術も、自社だけではいまのレベルまでは達していなかったと思う。

私はたまたま今回の技術募集を知り、具体的なインパクトにつながった。世の中を見渡すと、優れた技術を保有する中小企業は多数ある。このような仕組みを活用して、もっともっと中小企業の優れた技術を、効率的に世の中にアピールできるのではないか。我々も、引き続きアンテナを高く掲げて、世の中の技術ニーズに対して、積極的にチャレンジしていこうと考えている」

この時代、情報は簡単に手に入るし、その機会は平等に与えられている。それらの情報をどう解釈し、どう活かすかが重要なのではないだろうか。

Case3

技術力で世界と戦うベンチャー企業（ジャパン・アドバンスト・ケミカルズ〔JAC〕）

シリコンバレーをはじめとして、世界では毎日のようにベンチャー企業が起こり、また消えている。短期間での上場や売却で大金をつかむ起業家、やりがいを追求する起業家、使命感を持って信じる道を突き進む起業家など、そのあり方は千差万別である。昨今のベンチャーブームにおいては、設立して3年生存できる割合が10％と言われ、10年続けたら老舗と呼ばれる世界だ。

北米を中心とする海外では、大学や大企業を飛び出し、リスクを取って企業を設立するベンチャー・スピリットを称賛する傾向があるが、日本では、起業を「無謀」ととらえる人も少なくない。また、社会システム上のさまざまな要因から「起業家が生まれにくい」などとも言われている。

たしかに、マクロな視点で見ればその通りかもしれない。しかし、ミクロで見れば、実はおもしろいベンチャー企業も数多くある。それらのベンチャーにとっても、メーカーの研究開発のオープン化はチャンスとなるはずだ。

ここでは、メーカーの研究開発オープン化の波に乗じて、大企業の懐に飛び込んでは元気に立ち回る、開発型ベンチャーを紹介する。

設立当初から積極的な協業を進める

神奈川県相模原市にある、ジャパン・アドバンスト・ケミカルズ（JAC）は、2004年設立、社員数11名。成膜プロセスに狙いを定めて、新規成膜材料開発から受託成膜までの一貫したサービスを展開している。

たとえば、省エネルギー性に優れ、現代のシリコンに代わる次世代技術として、大手の自動車メーカーや電機メーカーが激しくしのぎを削っているのが、炭化ケイ素（SiC）によるパワー半導体である。SiC基板をつくる際には、材料、成膜温度、電圧などの条件を変えながら最適なプロセスを探し出すが、大手のメーカーが保有する大掛かりな装置では仕様変更が難しく、テストに時間とコストがかかる。

そこに目を付けたJACは、仕様を自在に変えながら成膜の試作をすることで、大企業の基礎研究の一部を請け負うのである。「我々の成果で、彼らの基礎研究が半年から1年短縮されるのではないか」と、同社の安原重雄取締役は話す。

JACのかじ取りを担うのは、代表の三尋木《みひろぎ》勝洋社長だ。1990年代、当時勤務していたメーカーから派遣されてシリコンバレーに駐在し、不自由な英語を駆使しながら、大企業相手に必死に半導体用の材料や技術の販売を行っていた。当時の西海岸における半導体産業と言えば、生き馬の目を抜く世界だ。

西海岸に拠点を築くというミッションを与えられ、炊飯ジャーと現金100万円だけを持って生まれてはじめてアメリカに降り立った日から、「15分しか時間がもらえないなかで、必死に説明した」「自分のプレゼン中に聴衆の半分が帰ってしまった」と、悪戦苦闘は続いた。日本ではありえないスピードで、ダイナミックにビジネスが進む姿を目の当たりにしたことは衝撃だったという。その後、安原氏が合流し、三尋木社長のミッションを引き継ぐこととなる。

「プレゼンテーションとは、相手の貴重な時間をもらって説明させていただく機会だ」。安原氏はそう考え、それを最大限に活用するために、事前にどんな人が何人来るのか、どのくらい時間がもらえるのかを確認し、与えられた時間をできるだけ有効に使うことに集中していた。後ほど紹介する安原氏の提案力はそこで鍛えられた。

帰国後、「大企業の研究開発を支援する、研究開発に特化した企業があってもよいのではないか」という想いから、三尋木社長が安原氏らとともに独立し、ＪＡＣを設立。誰もが反対したビジネスモデルだったという。信頼できる仲間を引き連れての独立だっただけに、設立時から複数の社員を抱え、「成功するしかない状況」に身を置くことで必死にみずからを鼓舞した。

次第に大手メーカーから材料・成膜ビジネスを受注できるようになると、会社は軌道に乗り始める。当初から、社外の技術活用に積極的な企業との協業が多かった。

自動車メーカーの技術募集に提案

そんなとき、１枚の技術募集要項が、さがみはら産業創造センター経由で送られてきた。

グローバルに展開する自動車メーカーのA社は、ある問題を抱えていた。自動車エンジンの燃焼室内に直接燃料を吹き込むノズルの先端に、燃料の燃えカスがこびり付くことで燃料噴射を妨げてしまうのだ。A社は、ノズルの先端に汚れがつかないようにするために、「金属表面の防汚技術」を探していた。社内の研究部隊も解決策を検討していたが、有効な技術が確立できなかったため、仲介業を通して世界中に解決策を求めたのである。

これは大手自動車会社が求める技術である。当然のことながら簡単に解決できるものではない。「これまで半導体の分野で培った技術を異分野に展開するチャンス」と感じた安原氏は、思案の末、2パターンの解決策を提案した。「読み手の立場に立って、何をどこまで書けば興味を持ってもらえるかを考えた。いわば肝心な部分を隠しつつも、〝チラ見せ〟的に手の内を見せることで、こちらの実力を理解してほしかった」と安原氏は振り返る。

一方、提案書を見たA社の研究者は驚いたという。聞いたことがない日本の中小企業が、2つの異なるアプローチを提案してきたのである。1つは、表面が汚れないようにする表面処理技術、もう1つは、付着した汚れを分解する触媒技術。いずれも、実験データとそれを裏付ける写真、大企業との協業実績といった内容が巧みに織り込まれ、非常にわかりやすいものだった。

A社の研究者は語る。「一言で言うと、魅力的な提案だった。明らかにこの課題の難しさを理解している人の書き方だったので、一目見て、この提案者に興味を持った。添付されていた写真やデータに説得力があったし、初期的な検証も済んでいることから、高い本気度を感じたのである。添付されていたプレスリリースも、この会社を客観的に評価している記事だったので、組織の信頼も高まった」

この技術公募は世界中にオープンなグローバル公募だったため、A社は30件を超える技術提案を世界中から受け取ったが、そのなかで選ばれたのが、神奈川県相模原市にあるベンチャー企業だった点は勇気づけられる。日本の中小企業が持つ技術が、世界の技術と比較をしても優位性を持っているということを証明したのである。

A社の研究者は、早速、連絡を取り、JACの担当者を研究所に呼んだ。技術力を確認したA社が、その場でJACにサンプル片への成膜を依頼する。もちろん、費用はA社負担である。サンプルテストのチャンスさえもらえればこちらのものとばかりに、JACは3枚のサンプルを提出し、自社の技術力を証明したのだ。秘密保持契約に触れるため、それ以上は聞くことができなかったが、それ以降もA社内の他の部門からも業務を受注するなど、関係は良好だという。

JACはいまでも、大企業の技術募集に関する情報を入手しては、可能性があるものにチャレンジしている。相手が国内だろうが海外だろうが関係ないという。「我々のような企業は、攻めの姿勢が大切。技術は陳腐化するものなので、自分の技術をお金に換えるチャンスがあるのであれば、貪欲に挑戦すべきだ」と三尋木社長は話す。実際、海外企業から持ち込まれる案件も積極的に受け入れ、徐々に事業の対象をアジア諸国に広げている。

ベンチャー企業こそ海外を見るべき

「大企業の技術募集は効率がよい」とも言われている。彼らの募集要項には、何ができれば採用されるのかが、異分野の人間にも理解できるようわかりやすく書いてある。提案できるかどうかも自分で判断できるし、不採用の場合にもその理由を教えてもらえるので、次の改善に結び付けることができるからだ。「ドライに批判してくれることにむしろ感謝している。自分たちがNGな開発をやっていたということがわかり、研究の方向を改善するきっかけになる」のである。

三尋木社長は、「中小企業こそ、日本に閉じこもっていないで海外を見なければいけない」と中小企業に警鐘を鳴らす。「すばらしい技術を持っている中小企業がたくさんあるのだから、自信を持って外に出てほしい。ストレートにフィードバックされるので、耳が痛いかもしれないが、そこに成長のタネがある。最近は、海外でのマッチング会も多く開かれている。そういう場に参加すると、いろいろなことが学べる」

私も、これまで多くの中小企業が海外進出に躊躇する姿を目の当たりにしてきた。技術一筋の中小企業にとって、言葉の壁は高いのではないかと考えたこともある。だが、三尋木社長からは予想外の答えが返ってきた。「言葉は手段にすぎない。英語よりも、技術のほうがよほど共通言語になる。たとえば、最近の若い人たちはそれなりに英語ができるので、彼らと一緒にやれば何とかなるだろう。言葉を言い訳にしてはいけない。日本の中小企業がつくっている製品の最終ユーザーは、アジアの場合が多い。最終ユーザーがどのような生活をしているのか、そのなかで自分たちがつくっている製品がどのように使われているかを自分自身の目で見れば、考え方は変わるはずだ」

ＪＡＣの根底には、アメリカ駐在時代に受けた、海外企業のモノづくりのスピード感に対する衝撃と、半導体産業の衰退を肌で感じた猛烈な危機感があると思われる。まるで海外のベンチャー企業の創業者と話しているような既視感を覚える。「日本はすばらしい国だ」と言いながら、真剣に日本のモノづくりの将来を憂い、自分たちができることから始めようという想いも伝わってくる。

一度でも海外の実情を見れば、そのスピード感やアグレッシブさに圧倒されるだろう。シリコンバレーだけでなく、世界各地で、ベンチャー企業が起こっては厳しい生存競争のなかで鍛えられているのである。

日本発ベンチャーの成功は難しいという声も聞こえるが、決してそんなことはなく、高い技術があり、優れたリーダーがいれば、十分に世界と対抗できる起業は可能だ。技術の流通が活発化することで、優れた技術を持つ企業にとってのチャンスが広がりつつある。技術立国の日本から、今後も元気なベンチャー企業が出てくることに期待したい。

Case4

四国から世界中に技術を発信する大学（香川大学）

日本では、2004年の国立大学法人化後、大学側の裁量で使える運営費交付金が毎年約1%ずつ減らされ続けている。(注2)各国立大学は、いままで以上に自分たちで研究費を稼ぐことが必要になってきた。大学が保有する技術や知見を最大限に活用し、企業から資金を得て共同研究を行うのである。

これまでは、大企業側から指名があったり、大学の産学連携本部が橋渡しをしたりしていたが、これからは大学の教員がみずから企業に売り込む時代となりつつある。海外では以前から、大学の教員には営業力が求められていたが、その流れが日本でも本格化してきたと言える。

オープン・イノベーションの広がりとともに、大企業が積極的に大学の技術を活用するようになっている。中小企業同様、大学もうまく技術を発信できれば、企業との連携に進み、大きなインパクトを得ることも不可能ではない。

日本でもすでに、大企業の技術募集に積極的に挑戦し、着実にインパクトに結び付けている大学がある。それが、四国にある香川大学だ。

（注2）ただし、平成26年度の予算では3.1%の増額。

四国・香川を拠点に世界と戦う

香川大学は、旧制高松高等商業学校を前身として１９４９年に設立された国立大学である。６学部で学生数約６０００名、国立大学の規模（学生数）としては全国でも30位以下の、比較的小さな大学である。だが、オープン・イノベーションについては先を行く大学だ。その中心人物が、香川大学工学部材料創造工学科の小川一文名誉教授だ。

小川氏は国内外の企業の技術公募に提案をしては、研究費を獲得することを続けている。専門は、分子工学や機能性超薄膜。とくに表面処理に関して高い技術を持ち、過去数年間だけでも多数の企業との共同研究を獲得している。

もともとは、松下電器産業（現パナソニック）の研究所で勤務する半導体、液晶ディスプレイ技術の研究者だったが、部門の縮小にともない、思い切って松下電器産業を退職。２００２年に香川大学に教授として移籍した。当時、52歳だった。

小川氏が、技術仲介業が行う技術公募の存在を知ったのは数年前。学生からの紹介だった。大学内の研究費助成コーナーで紹介される企業との研究開発に応募したことはあったが、技術仲介業が間に入る、提携企業もわからない匿名の公募に提案した経験はなかった。しかし、募集内容を見てみると、自分が得意とする表面防汚処理（物質の表面を汚れにくくする処理）に関する募集であり、興味をそそられた。早速、提案書を作成し提出したところ、仲介業を通して募集主体の大企業からコンタクトがあり、共同研究につながったのである。

「オープン・イノベーションの仕組みを活用すれば、香川に居ながらにして世界中の企業から研究費を獲得するチャンスになると感じた」と小川氏は話す。その後も、「これは」と思う募集があれば積極的に提案しているという。

勝率は1割程度でもインパクトは大きい

小川名誉教授が行う提案応募のプロセスはこうだ。

技術仲介業から毎週送られてくるニュースレターには、大企業の技術公募が掲載されている。日本企業の公募もあれば、外国企業の公募もある。ただし、提案の段階では相手の企業名が見えないので、純粋に、対象となる技術の要件にフォーカスして応募する案件を決める。

提案書に秘密情報は書けないため、限られた情報で提案書を作成。参考として過去の論文や特許の情報を記載して、仲介業経由で提案を送る。締め切りから数週間後、一次選考の結果がフィードバックされる。そこで不採用の場合もあれば、二次選考に進み、追加の質問が送られてくることもある。その場合、何度かやり取りを繰り返した後、突然、相手企業から直接コンタクトがある。そのときになってはじめて、企業名がわかるという。その後は、企業との直接の交渉に移り、そこで具体的な協業プランを話し合うのだ。

これまでに、年間500~1000万円規模の共同研究に進むケースが複数あり、初年度から3000万円で契約したケースもあった。また国内だけでなく、海外企業からも共同研究依頼があり、現地に招待されてコンサルティングをするなどの結果を積み上げている。

「提案してみなければ何も始まらないので、とりあえずたくさん提案するようにしている。選ばれるかどうかは、こちらの技術があちらのニーズに合っているかどうかに関係する。技術や提案の善し悪しではなく、タイミングや相性が重要。とにかく挑戦することが大切」と話す。

提案が採用される〝勝率〟は1割程度。決して高くはない。ただ本人は、「高いとも低いとも思っていない。相手企業の考え方などもある。不採用になることをネガティブにはとらえていない。むしろ、不採用の際にもらう不採用理由は貴重な情報であり、今後の参考になる」と前向きに解釈している。

「自分が持っている知見を活用して研究費を獲得する考え方は、何も特別なものだとは考えていない。企業の技術募集を見ると、世界中の大手メーカーが困っている課題や、本気で探している技術をリアルタイムに見ることができ、世の中のトレンドが把握できるため、研究の方向を決める際にも参考になる」

相手の都合で、途中でプロジェクトが終了することもある。その場合でも、コネクションができた企業から、後日、別件で依頼が来ることもあるという。「技術提案は、企業と接点を持つきっかけをつくるには非常に効率的な仕組み」だ。相手は必死に技術を探しているので、少しでも相手に響く点があれば次につながる可能性があるのだ。

日本の大学にとってオープン・イノベーションはチャンス

オープン・イノベーションの拡大は、技術を持つ大学の教員にとっても追い風となっている。では、成果を得るために何が必要なのだろうか。

小川氏は、自分の実績や得意分野をまとめた提案書のひな型を作成し、案件ごとに必要なところだけ書き加えて提案をするという。ひな形さえつくってしまえば、1件当たりの時間を短縮でき、大きな負担にはならない。「すべてさらけ出す必要はない。わかる人にはわかってもらえる提案を書く」ことが重要なのだ。提案を繰り返すうちに、どのレベルまで書けばよいか、どのように書けば相手の関心を引けるか、というコツをつかむことができる。その結果、確実に提案の質が上がるのだ。

小川氏は、次のように語っている。「これからは、大学の教員が自分から外に出て、共同研究の相手を探さなければいけない時代になる。とくに若い研究者は、積極的に大企業に提案しながら、世の中の流れを把握し、提案力を磨き込んでいかなければいけない。与えられた問題を解決できる人材は数多くいるが、自発的にテーマを発見、あるいはテーマを設定する能力を有する人材は意外と少ないように感じている。いまこそ、将来を見据えたテーマ設定能力の開発が重要ではないか」

次章で詳述するが、2013年夏、GEとNFL（ナショナル・フットボール・リーグ）が協働して、世界中から脳損傷の診断技術を公募した。総額10億円にものぼる報奨金をつけての公募である。脳に関する研究で世界でも先進を行く日本への期待は大きく、日本国内のおもだった研究機関にもキャンペーンのアナウンスを行っている。だが、世界中から400件を超える提案が集まったにもかかわらず、日本からの提案はわずか4件にすぎなかった。

日本の多くの大学が優れた技術を抱えている、ということを海外のメーカーから言われることが多くなった。積極的に大学巡りをする外資系企業が増えているということも聞く。しかし、国内の大企業が大学の技術をうまく活用できていないのか、大学が企業側にうまくアピールできていないのか理由は定かではないが、国内の産と学の間にミスマッチが起こっているように見える。いまこそ、大学の技術を産業界で活かすチャンスではないだろうか。

ここ数年で、外部に技術を提供することに積極的な大学が増えてきていることは間違いないが、欧米の大学のアグレッシブさに比べると、日本の大学にできることは山ほどある。日本のモノづくりを活性化するためには、企業だけでなく、大学側の積極的な姿勢も不可欠である。ぜひ、大学側にもオープン・イノベーションへの積極的な参加を期待したい。

第6章

オープン・イノベーションを応用する

オープン・イノベーションの5つの可能性

オープン・イノベーションは手段にすぎないということは繰り返し述べてきたが、その手段をどのように使うかは、使う側のクリエイティビティに大きく依存する。そこで最終章では、オープン・イノベーションの応用を5つ紹介する。

必ずしも、これまで紹介してきたようなものだけがオープン・イノベーションではない。世の中の企業が、オープン・イノベーションという枠組みのなかで、どのような工夫をしながら独自性を発揮しているのかを知ることで、さらに新しい発想が想起されることに期待している。

1 マーケティングを兼ねた技術募集

はじめに、技術募集とマーケティングを一緒に行った例として、2013年夏にNFLが行ったヘッド・ヘルス・チャレンジを紹介する。

「現役時代のプレーがもとで、脳しんとうなどの後遺症が残った」として、アメリカンフットボールの元プロ選手4500人以上が、NFLを相手に集団訴訟を起こした。2013年夏、NFL側が7億6500万ドル（約750億円）を支払う条件で当事者が合意をしている。

アメリカでは、フットボール選手の脳損傷、そして脳損傷による引退後の生活への影響が大きな問題となっている。この問題は何かと取りざたされていたため、次第に、「親が子どもにさせ

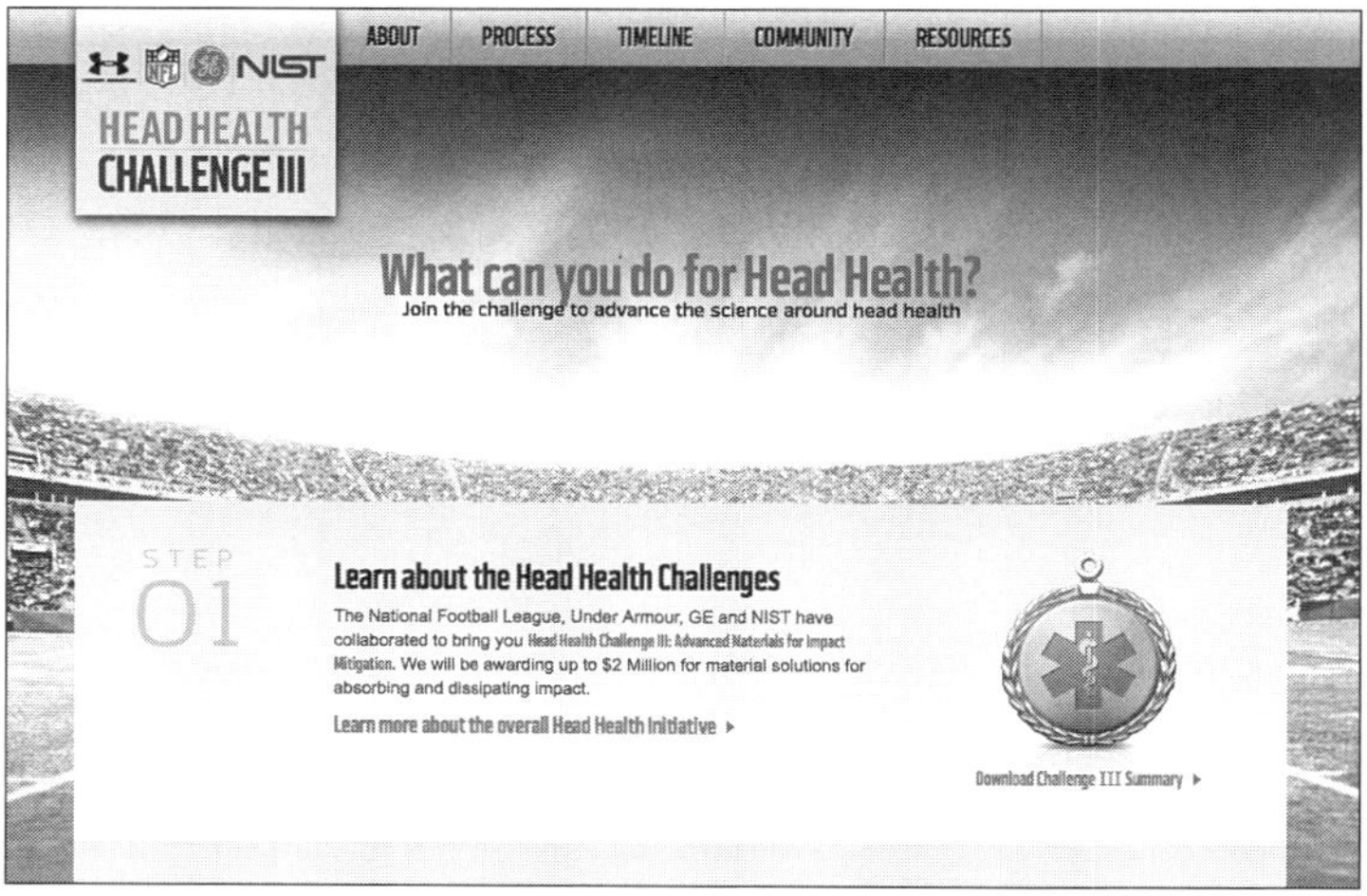

出典：NineSights, Head Health Challenge III , https://ninesights.ninesigma.com/web/head-health.

NFL、GE、アンダーアーマーによるヘッド・ヘルス・チャレンジ

たくないスポーツ」というありがたくない称号を与えられ、若者のフットボール離れが進むこととなる。フットボール離れが進むことで最も困るのは、当然のことながらNFLだ。そこで、NFL、医療機器メーカーのGE、スポーツ・アパレルメーカーのアンダーアーマーが協働して、一大キャンペーンを実施したのである。

具体的には、脳損傷を回避あるいは早期に検知する技術を募集し、フットボール選手の脳損傷の早期発見と、脳損傷防止技術の確立に役立てようと考えたのである。優れた技術に対して1000万ドル（約10億円）を投資することを約束し、約4カ月かけて世界中から技術を募集した。

これは、よくある技術探索的なオープ

ン・イノベーションにも見えるが、その背後にはもう1つの狙いがあった。10億円という莫大な報奨金をアピールすることで世界中の関心を集めたうえで、フットボール選手のためになる技術を世界中から集める。これには、「我々は、フットボール選手の脳損傷回避に真剣に取り組んでいます」というメッセージを世界中に発信しつつ、同時に、世界中の最先端の技術を一気に集めることで、今後の開発に活用するという考えがある。

当然のことながら、技術を提案する側も、これだけの報奨金を示されれば俄然モチベーションは上がる。結果として、全世界から４００件以上の技術提案を集めることとなった。募集したＮＦＬは、「アメリカンフットボール選手の脳損傷回避に貢献できるすばらしい技術を世界中から集めることができた。リアルタイムの検査技術、衝撃吸収材に使える材料、ヘルメット構造の工夫、革新的なトレーニング方法など、想像以上に多様な提案が集まった。期待以上の成果だ」と話す。

みずからの取り組みをアピールすることで、マーケティングやブランディング、あるいはＣＳＲ（Corporate Social Responsibility：企業の社会的責任）に活用しつつ、大きなインセンティブで関連する技術を根こそぎ集めてしまうというこのやり方は「グランドチャレンジ」と呼ばれ、アメリカを中心に急拡大している。

ここでは、グランドチャレンジをもう1つ紹介する。カナダのアルバータ州にあるＮＰＯ法人ＣＣＥＭＣ（Climate Change and Emissions Management Corporation）のケースである。

カナダのアルバータ州といえば、１００年前に油田が発見されて以来、カナダの石油産業の中

出典：NineSights, CCEMC Grand Challenge, https://ninesights.ninesigma.com/web/ccemc-gc.

CCEMCのグランドチャレンジ

心地である。そのため、州政府にとって昨今の石油離れは必ずしも好ましい話ではない。そこで、石油依存型社会の負の要素である環境問題などに対して、州政府みずからが積極的に取り組んでいる地域である。

アルバータ州とCCEMCは、2050年までに温室効果ガスの放出量を2億トン削減することを目指して活動している。この目標を達成するための手法の1つが、大気中の炭素を捕集して貯蔵する技術にあり、炭素回収・貯留技術に対して継続的な投資を行っているのだ。

しかしながら、捕集した炭素を貯蔵するだけではやがて限界が来る。そこでCCEMCは、それを再利用することで炭素の循環サイクルを確立することに力を入れ、グランドチャレンジによって、大気中の温室効果ガス中の二酸化炭素を有用な炭素製品に変換する技術を募集したのである。捕集した炭素を再利用できれば、新しい事業機会が生まれるとともに、長期間貯蔵する必要もなくなるため、炭素管理コストが減るというメリットも見据えての取り組みである。

その結果、微生物を使った二酸化炭素固定化技術や燃料への転換技術、化学合成への適用など、さまざまな技術が提案されている。現在、一次審査が終了し、選ばれた24組織が次の関門突破に向けてファンディングを受けながら開発を継続しているところである。

このケースでも、大気中の二酸化炭素削減に取り組む州政府の姿勢を内外にアピールしつつ、世界中の最先端の炭素再利用技術を募集した。賞金総額35億円は、グランドチャレンジとしても破格の規模であり、アルバータ州政府の真剣さが伝わる募集である。

グランドチャレンジを実施する場合には、専門の企画運営会社が、キャンペーンの企画やサイト構築、プレスリリース、技術募集、提案を評価する審査員の選定、提案評価などを引き受けてくれるので募集主体の手間は少ないが、賞金に充てる費用の準備は必須である。そのため、NFLの脳損傷防止技術やCCEMCの炭素再利用技術のように、社会的に意味のある、重要性の高いテーマでの実施が現実的となる。また透明性のある選考プロセス、提案される技術やアイデアに対する取り扱いの明確さなども、成功を大きく左右すると言われている。

日本で考えるとすれば、「水素社会に向けた技術」や「高齢者医療を支える技術」など、将来、日本が世界を牽引すべき領域で実施することは検討の余地があるだろう。

2 途上国向けにシンプルな技術を活用

オープン・イノベーションというと、高度なテクノロジーのみを対象とするような印象を持つかもしれないが、反対に、ユニークな発想のシンプルな技術を対象にしたオープン・イノベーションも広く行われている。シンプルな低コスト技術で途上国に貢献するという考え方は以前からあったが、それを継続性のある仕組みとして構築したのが、NPO法人のコペルニクである。

コペルニクは、途上国の貧困層が暮らす地域（BOP）を対象とし、現地のニーズに即したシンプルな技術を使った製品を提供することで、それらの地域の経済的自立を支援している。2010年時点で、1日2ドル以下で生活する貧困層の数はおよそ25億人。これらの人々に、安全な水や食料、医療、教育を提供することを目的としている。ボランティアのように無償ではなく、頑張れば手が届くくらいの価格で有償で技術を提供し、現地の自立を促すことを目標としているのである。

たとえば電気が通っていない地域では、夜間は灯油をしみこませた紐に火をともして明りをとっているが、火を使うため火事の危険がある。また、灯油を燃やすことで発生する真っ黒な煙は有害で、現地ではマラリアやエイズと並ぶ大きな健康被害の一因となっている。そこで、日中に太陽光で充電し、夜間に家の中を照らす太陽光充電式LEDライトを15ドルで提供することで夜間の勉強や勤労を可能にし、現地の生活水準の向上に貢献している。このように、シンプルながらも現地の暮らしを劇的に改善するインパクトを持つ、クリエイティブな「ローテク」を途上

k コペルニク

低コストで海水から飲料水を作る技術

提案締切：2012年8月10日
提案者にとっての機会：
技術供与、製品販売、途上国市場開拓

求める技術の概要

- 海水（塩分濃度3.5％）を、人間が飲めるレベルまで浄化する技術
- 「人間が飲めるレベル」の目安は以下の通り

	塩素イオン濃度（ppm）	塩分濃度（％）
海水	20,000	3.5
今回求めるレベル (飲料水としての限界値 by WHO)	**850**	**0.15**
（参考）日本の水質基準	200	0.035

- 低コストであること：途上国において1人が1日に必要とする水の量を10リットルとし、導入費用が1人当たり1,000円程度の負担に抑えられること（1人当たり1日2ドル以下で生活している地域を対象としているため、低コストで提供できることが必須条件）

出典：ナインシグマ・ジャパン資料より筆者作成

図6-1　コペルニクが実施した技術募集

国に届けることをミッションとしているのである。

このときに求められるのが、いかにシンプルな低コスト技術で目的を達成するかという、通常のイノベーションとは異なる頭の使い方である。ここで、2012年にコペルニクが日本で行った技術募集を紹介する。

途上国の島嶼《とうしょ》部では、いまだに飲料水が不足しているところが多いことから、海水を飲料水に浄化する技術が求められている。ポイントは、「人が飲める程度に淡水化する」ことである。日本の水質基準に比べればはるかにゆるい基準を設け、それをいかに安く実現するかが不可欠だ。

図6−1は、そのときに使用した募集要項である。求める水質基準を見てほしい。海水の塩分濃度は3・5%だが、求める技術はそれを0・15%まで下げればよいのである。ちなみに日本の水質基準では、0・035%まで下げないと飲料水とは認められない。はるかに緩和した要件にする代わりに、現地でも通用するコストで提供してほしいという仕立てである。

この募集では、興味深い技術が提案された。提案者は、高知県にあるアクアデザインシステムである。逆浸透膜を用いて、人力で海水の淡水化ができるという装置の提案だった。1日・1台当たりの飲料水製造能力がきわめて高く、途上国でも十分に受け入れられるコスト、使いやすさ、耐久性を備えている。もともと、災害時の水の確保用に考案された技術であるが、それを途上国の海水淡水化でも使用できるようにしたのである。

提供：アクアデザインシステム

海水を淡水化する装置の試作機

ポイントは、少ない力で、逆浸透膜に必要な高い圧力を出せる機構にある。電気やエンジンなどの動力も必要とせず、ペダルを回転させることで、子どもでもきれいな水を得ることができる。この技術は、その後JICA（国際協力機構）からも認められ、現在では、インドネシアにおける生産体制を構築し、現地で生産し、ASEAN（東南アジア諸国連合）へ販売するという体制構築を進めているという。技術を求める人と技術を保有する人が出会い、新しい価値を創造することで両者がメリットを享受することを広義のオープン・イノベーションだと考えれば、市場が先進国であろうが途上国であろうが関係はない。高度な技術を前提にせず、アイデアやクリエイティビティでも勝負はできるのである。

世界の最貧困層は25億人いると言われているが、これは日本の総人口の約20倍である。とはいえ、そこで利益を見込むことは容易ではないため、大企業はなかなか手を出しにくいところでもある。そんな状況だからこそ、日本の中小企業のユニークな技術やアイデアを活かす余地があるのではないか。

3　技術ではなくアイデアを募集

人の頭の中にあるアイデアを引き出して事業に役立てたいという想いは、モノづくりに関わる方であれば経験したことがあるはずだ。「知っている人なら簡単に解ける問題だ」とわかっていても、誰に聞けばよいのかわからずに右往左往する、といったことはないだろうか。

一般的なオープン・イノベーションは、技術を対象とするため、研究者の頭の中にあるアイデアや考え方を具現化したもの、たとえば材料、デバイス、プロセス、ノウハウなど、人間が見ること、触れることができるモノが対象である。ただ、具現化される前のアイデアを求めるということも、募集の設計次第では可能なのだ。

インターネット上の掲示板では、生活の知恵やちょっとした知見など、「誰か教えて」と問いかければ回答をもらえるサイトはいくつもある。たとえば「来月、フランス旅行に行くので、パリのおいしいお店を紹介してください」と掲示板に書き込めば、あっという間に多数の答えが届く。回答自体の付加価値が低い（本当は高いのかもしれないが）こともあり、気軽に教えてくれるのである。

しかし、「誰か教えて」と世の中に発信しても、そのアイデア・知見自体に価値がある場合は、たとえアイデアを持っていても、無料で教えるモチベーションはわきにくい。しかし、そこである程度のインセンティブを与えられれば、アイデアを提供したいと思えないだろうか。

数年前の話であるが、あるメーカーが「クエン酸誘導体の反応経路を簡素化するアイデア」を募集した。クエン酸誘導体とは、女性用化粧品に使われる重要な成分である。このメーカーが知りうる反応経路が複雑すぎるためコストがかかり、事業化が進まないという課題に直面していた。もしこの反応経路を簡素化できると製造コストが大幅に下がり、メーカーにとってのインパクトは年間数億円程度になるという。そこで、自社の合成経路を細かに公開して、「どこをどうすれば反応を簡素化できるか」、世の中に問いかけたのである。

大学や研究所の有機合成の研究者のなかには、この反応経路を見ただけで、「この部分をこうすれば、このプロセスが2つ省略できる」などというアイデアを思いつく人もいる。このような研究者を狙って、実際に200万円の報奨金を提示して、アイデア募集を行った。

その結果、複数のアイデアが持ち込まれ、それらを実際に利用することで、製造コストの削減に成功したのである。報奨金を獲得した研究者は、自分がすでに知っていることを教えただけで賞金が得られることとなった。またメーカーとしては、２００万円の報奨金と引き換えに得たアイデアで、年間数億円（複数年のインパクトでは十億円超）のコスト削減という、投資の数百倍の価値が得られたのである。

オープン・イノベーションが広がり始めた頃、「Brain-Picking」「Idea-Fishing」など、「アイデア泥棒」を指す用語がしきりに飛び交い、情報提供に対して警戒感を示す研究者が多かった。研究者のそうしたメンタリティを逆手に取り、インセンティブをしっかり提供することでアイデアを募集する方法は、オープン・イノベーションの１つの形である。

4 イノベーション・コンテストの実施

研究者にこれから考えてもらい、その結果として生まれたアイデアを求めるという、アイデア募集のさらに先を行く募集もある。

キャンペーン的に優れたアイデアを募集するこの方法は、世の中では「イノベーション・コンテスト」と呼ばれている。このポイントは、アイデアを募集するだけでなく、受賞者を大々的に発表することにある。賞金そのものよりも、世の中に認められることに喜びを感じる研究者のメンタリティをうまく活用した仕組みである。

GEイノベーション・コンテスト：航空機エンジン支持に使用されるブラケット（支持材）の軽量化

募集期間と選考

- フェーズ1：2013年6月12日～8月9日：上位10名に、1000ドルの賞金
- フェーズ2：2013年9月～ 11月15日：2万ドルを上位8名

募集概要

下記のブラケット（2.04kg）を、強度を維持したまま、できるだけ軽量化するデザインを求める

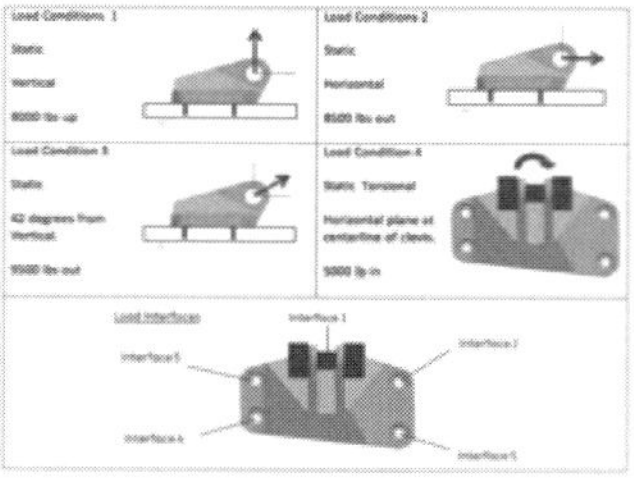

出典：GrabCAD, "GE jet engine bracket challenge", http://grabcad.com/challenges/ge-jet-engine-bracket-challenge. より筆者作成。

図6-2　GEのブラケット軽量化に関するイノベーション・コンテスト

ここで紹介するのは、2013年にGEが行った、航空機のブラケット軽量化のためのイノベーション・コンテストだ（図6－2参照）。

2013年、GEは、航空機エンジンに使用されているブラケット（支持体）を軽量化するためのアイデアを求めた。1つ約2キロのブラケットが航空機エンジンには何個も使われているが、定期メンテナンス時のエンジン取り外し以外には使用しないにもかかわらず、結構な重量を占める。これを軽量化したいという想いは強かった。

そこで、ブラケットの仕様の詳細を開示したうえで、「ブラケットの強度を下げずに軽量化する技術を募集する」というキャンペーンを行っ

GEイノベーション・コンテスト：結果概要
提案例
世界中から600件を超える提案が届いた
一位
Arie Kurniawan　（インドネシア）
DTECH-ENGINEERING創設者
重量 = 339.72 グラム　重量低減率 = 83.4%
受賞者を讃えるサイトを、GEのHP上に作成
→5000件を超えるアクセスあり

出典：GrabCAD, "GE jet engine bracket challenge", http://grabcad.com/challenges/ge-jet-engine-bracket-challenge. より筆者作成。

図6-3｜GEイノベーション・コンテストの結果

たのである。優れた提案者には賞金を出し、かつキャンペーンのHP上で発表するというインセンティブも設けている。結果として、驚くことに世界中から649件の提案が集まった。いずれも強度を維持したうえで、さまざまなアプローチで、重量低減を提案している。

1位を獲得したインドネシアのディーテック・エンジニアリング（DTECH-ENGINEERING）は、CADを使い、重量を実に80%以上低減させるアイデアを提案してきている。GEは、彼らに報奨金を出してキャンペーンサイトで発表した。また、それだけではなく、企業紹介をGEのHP上ですることにより、世界中にその力量を知らしめることができ、一気に引き合いが来ることになった。

世界中の頭脳をフル活用して、自分た

ちだけのためにアイデアを考えてもらい、それを報償と引き換えに獲得することで互いにメリットを享受する。これも研究者の心理をうまく利用した方法ではないだろうか。

GEは最近、これらのイノベーション・コンテストを頻繁に行っていて、CMO（最高マーケティング責任者）がスポンサー役だと聞く。つまり、研究開発の領域を飛び出して、マーケティングでもオープン・イノベーションを活用しているのである。さらにGEは、一連の活動を通して、世界中の有望人材の囲い込みを行おうとしているように見える。従業員数30万人というGEですら、社内の知見活用に閉じることなく、世界中から貪欲に優れた知見を集めようとしているのだ。

グローバル企業が、オープン・イノベーションを組織的に活用し始めているという事実は脅威にも見えるが、オープン・イノベーションとは、組織規模に関係なくどんな企業でも使えるシステムである。GEにできて日本企業にできない理由はない。創意工夫により、日本からも独自の使い方で結果を出す企業が出てくることに期待したい。

5　専門家の募集

オープン・イノベーションのさらなる発展型に、「専門家の募集」がある。アイデアでも、アイデアを形にした技術でもなく、研究者の頭脳そのものに期待する場合、優れた研究者を探し出して活動に参加してもらうことで、研究開発のスピードアップを狙うという考え方だ。人材採用ではなく、あくまでも部分的に開発を支援する専門家として関わってもらえる優れた人材を探すのである。

たとえば海外では、大企業の研究者がコンサルタントとして独立し、外部エキスパートとして企業の支援を行うケースが少なくない。彼らはそれぞれ独自のバックグラウンドを持ち、そのバックグラウンドが、特定の企業にとっては大変な価値を持つことがある。

プラスティック製品を製造するある材料メーカーA社は、過去30年にわたり、独自の工夫で工場の生産プロセス最適化を繰り返してきた。問題が起こるたびにその対策を自社内で検討し、その都度、策を講じてきたのである。

あるとき、新しく赴任してきた工場長が疑問を投げかけた。「この工場は、グローバルに見て競争力があるのか。本当に最適なプロセスなのか」。たしかに、都度対応を繰り返しながら最適化を繰り返してきたが、第三者が見てそれが最適かという視点は欠けていたし、それを評価できる人間は社内にはいない。そこでA社は、外部の専門家を募集し、実際に工場のプロセスを診断してもらうことを考えたのだ。

プラスティック製品を加工する工場の診断など、できる人間はいるのだろうか。実は欧米には、グローバルメーカーから独立した、あるいは引退した専門家が、個人のコンサルタントとして活躍しているケースが多い。そのようなネットワークに対して、「プラスティック製品の製造工場の診断ができる専門家を求める」と投げかけることで専門家を探したのである。

A社は実際、GEプラスティックとデュポンでフィルム製造技術に関する製造経験を持つ個人コンサルタントを探し出し、日本に招待して工場の診断をしてもらうことができた。同時に、その機会を利用し、社内の他の部門のメンバーも呼んでワークショップを開いて彼の知見を活用。またプラスティック業界のグローバル動向や、海外企業の取り組みなどについて講義をしてもらい、彼の持つ知識を可能な限り吸収したのだった。その結果、生産プロセスの課題を洗い出し改善を行うことで、コスト削減と品質に関して大幅な改善が実現した。

専門家募集のメリットは、かかる費用が限定的なことだ。海外の専門家に日本に1週間滞在してもらい、その間に彼のスキルを存分に移管してもらえれば、こちらにとってのメリットは非常に大きい。その費用は旅費滞在費と謝礼程度なので、コストのうわぶれリスクが少ない。かつ、専門家のネットワークを利用してさらなるネットワーク拡大が可能になるなど、人的資産を存分に吸収することで、費用対効果を極大化できるだろう。

これもオープン・イノベーションの仕組みに発想を得たある企業の取り組みで始まったケースであるが、非常にクリエイティブなオープン・イノベーションの一形態と言える。

以上の通り、オープン・イノベーションの考え方を利用して、さまざまな新しい取り組みが始まっている。オープン・イノベーションの発想が世界に広がってからまだ10年足らずであるが、活動が勢いよく進化している様子がわかるだろう。

ここで紹介したほかにも、地域、技術領域、組織のタイプに制約を設けて、限られた範囲で技術探索を行うクローズドなオープン・イノベーションや、各社の技術公募を1か所に集めて、ワン・ストップで複数社の公募を見ることができるオープン・イノベーション・ギャラリーなど、オープン・イノベーションのあり方は多岐にわたる。これからも新しい形が次々と生まれてくるはずだ。

何かの仕組みを見た際に、それをクリエイティブな発想で使いこなし、さらに進化させるのは、元来日本人の得意とするところである。今後、さらに新しい形のオープン・イノベーションが日本から生まれてくることにも期待したい。

日本のモノづくりが復権するために

本書のなかで、私は何度も「日本のモノづくりは世界一」だと繰り返している。これは技術仲介という仕事を通して、世界中の大企業、中小企業、大学、研究所の技術を見てきた私の偽らざる想いである。

ただ一方では、日本のモノづくりは、そのポテンシャルを十分に発揮できていないのではないかという想いも強い。正直、それが悔しくて仕方がないのだ。

日本人の「奥ゆかしさ」が悪い方向に作用し、グローバル競争に乗り遅れているのかもしれない。あるいは、企業のトップ・マネジメントがリスクを取りにくく、思い切ったことがしにくいという環境がブレーキとなっているのかもしれない。大学のあり方がオープン・イノベーションに不適という可能性も否定できない。どこをどう変えればよいのかはこれから真剣に考える必要があるが、その時間が限られていることはたしかだ。

まだ歴史の浅いオープン・イノベーションの世界とは、国の政策、企業のリーダーシップ、研究者一人ひとりのモチベーションなど、少しの工夫でいかようにもできる世界だ。いまこそ、日本の底力を発揮するチャンスなのである。

おわりに

日頃より、将来、絶対にあってはならないと考えていることが1つある。それは、オープン・イノベーションが打ち上げ花火、つまり一過性の流行で終わってしまうことだ。

たとえば、いまから20年後の西暦2035年に、「そういえば昔、オープン・イノベーションという言葉が流行った時期があったよね。あのとき、うまく波に乗れなかったばかりに、日本の製造業は復活のチャンスを逃してしまった」などといった会話がなされている場面を想像すると、ありえないとは言えないのが怖いのである。

「はじめに」で申し上げた通り、1970年代、80年代は、日本の製造業は破竹の勢いで成長し、「Japan as Number One」とまで評されるようになった。日本が強みとする組織力や、きめ細かなモノづくりの手法が結実し、多くの成功が生まれた。より小さく、より軽く、より安く、といったモノづくりは、一致団結して何かをなす日本人の特性にマッチしたのかもしれない。

一方、90年代に入り、モノづくりのあり方が急激かつダイナミックに変わるなかで、成功体験にこだわり、IT化やグローバル化という新しい波に乗り遅れる。それに気がついた頃には、欧米をはじめ、中国・韓国のメーカーに先を越されていたということが現実に起こっている。これは、技術を持ってしまったがために、自分たちの技術を使ってどのように商売をするかという発想に凝り固まってしまった結果のようにも思える。いまから20年前に時計の針を戻せるとしたら、何を考え、どう行動するのだろうか。

同じ轍は二度と踏んではいけない。新しい研究開発の手法であるオープン・イノベーションを利用し、欧米企業がさらなる研究開発力の強化で新たな攻勢に出ている現在、日本の製造業が遅れをとることは絶対にあってはいけないのである。オープン・イノベーションを、日本の製造業が復活するための武器としなければいけないのだ。

いまこそリーダーが必要である

本書で繰り返し主張したように、オープン・イノベーションという武器を使いこなすことは容易ではない。

グローバル化の進展で生まれた言葉の壁や文化の壁は、日本企業にとってはディスアドバンテージにしかならない。成果を得るためには我慢も必要だし、相応の時間とコストもかかる。オープン・イノベーションというスキームは、使わなくても、それはそれで何とかなってしまうものなので、あえて使う必要はないという考え方でやり過ごすことも可能だろう。ただし、それが必要だったと気づいたときにはもう遅い、というのがこれまでの日本の製造業の失敗パターンではないだろうか。

実際、海外のメーカーが、猛烈にオープン・イノベーションによる研究開発力の強化を進めるなかで、日本だけが取り残されつつある。ここで巻き返しを図るためには、私は、いまこそチェンジ・リーダーの存在が必要だと考える。リスクを取って変革を促し、結果まで出せるリーダーが不可欠なのだ。

私は、オープン・イノベーションという言葉がいまほど知られていなかった２００６年から、日本でオープン・イノベーションを広げようとしていた。当時、プロジェクトを躊躇する企業のトップに対する殺し文句は「欧米ではすでに広がりつつあります」だった。だが、その次に受ける質問は決まって「日本企業の成功事例はあるのか」というものであった。これは、「最後にはなりたくないが、最初にもなりたくない」という日本人独特のメンタリティではないだろうか。

減点方式の日本社会において求められるのは、自分がトップのポジションにいる数年間に大きな失敗をしないことだとすると、どうしても保守的になるのはわかる。１００点を取らなくても叱られないが、40点を取ると叱られる。それなら全教科70点を取れるようにと、最低限の努力をしていた自分の学生時代を振り返ると反省しきりであるが、これが日本人の考え方なのかもしれない。

一方、プロフェッショナルとして成果を上げることが求められるグローバル企業では、何もしないのは落第である。リーダーは、リスクを取って難しいことにチャレンジすることが必要だ。少なくとも海外の先進企業は、いまこの瞬間も、そのようなリーダーがオープン・イノベーション活動をリードしている。それが日本企業にできない理由はどこにもない。むしろ、組織力や技術力をうまく活かせば、より巧みなオープン・イノベーション戦略が取れるはずである。

1人のリーダーが変革を起こし、組織を変えるのが決して不可能ではないことは、過去の多くの事例が証明している。外資に負けない結果を出せるチェンジ・リーダーが日本で出てくることを期待してやまないし、そのようなリーダーのために、とことん協力したいという思いである。

自分たちが必要とされない将来を目指して

「はじめに」の冒頭で書いたとおり、私は、大学・大学院を通して資源開発に関する研究を続け、鉱山技術者として社会人としての第一歩を踏み出した。鉱山技術者の仕事は、地下に眠る鉱脈を探り当てて掘り出し、付加価値を与えて世の中に提供して、社会を幸せにすることである。地下に眠っている資源を掘り起こして、社会に還元することが本業だ。

２００６年にナインシグマ・ジャパン設立に参画後、不思議なことに、ふたたび鉱山技術者に戻ったような錯覚を覚えた。それは、きらりと光る技術、尖ったベンチャー企業、優秀な研究者を世界中から探し出して大手メーカーにつなげることで、社会の発展に貢献するという動き方が、鉱脈を掘り進めるかつての自分に重なったためだ。

過去8年にわたり、技術仲介という営みを一日も欠かさず続けている。我々はあくまでも、技術を求める者と技術を持つ者をつなげる「機能」でしかない。だが、我々が機能不全を起こすと、日本のオープン・イノベーションが滞ってしまうという自負はある。私が送るメール一本、掛ける電話一本が、日本のモノづくりの前進につながるとの思いもある。

日本におけるオープン・イノベーションの歴史は浅く、これから急激に進展していくことになると考えている。その役に立つための努力を惜しむつもりはなく、最終的には、技術の流通が活発化して、各社が当たり前のように自発的にオープン・イノベーションを進められる日が来ることを願っている。つまり、我々のような技術仲介という機能が不要になる日が、理想的な最終形だと考えている。我々は、みずからを必要としない将来に向かって突き進んでいるのである。

最後に、ここまでお読みいただいた方々に、心より感謝を申し上げたい。これまで貯めてきた想いを一気に吐き出したつもりではあるが、紙幅の関係もあり、その半分も表現できていないと感じている。今後も、日本におけるオープン・イノベーション活性化のためにできる限りのことをしていきたい想いはあり、機会があれば継続して、世の中の動き、価値のある情報を発信していきたいと考えている。

また、今回の出版に際してお世話になった方々には、この場を借りてお礼を申し上げたい。出版のきっかけをつくってくれただけでなく、執筆に関してさまざまなアドバイスをしてくれたマッキンゼーの先輩でもある伊賀泰代氏。オープン・イノベーションに関する企業の取り組みに関してインタビューにご協力いただいた、東レ株式会社尾関雄治氏、味の素株式会社尾道一哉氏、大阪ガス株式会社松本毅氏、株式会社デンソー小野田邦広氏。また、技術提供型オープン・イノベーションの事例紹介にご協力いただいた、株式会社ハタ研削の畠山泰彦氏、株式会社ジャパン・アドバンスト・ケミカルズの三尋木勝洋、安原重雄両氏、香川大学の小川一文氏。執筆中、適宜アドバイスをくれたナインシグマ・ジャパンの同僚たち。突然企画書を持ち込んだ私の想いを受け止め、執筆に関してど素人の私を適切にガイドしてくれたダイヤモンド社の村田康明氏には、心からお礼を申し上げる。

そして、半年にもわたり、毎週末書斎に籠もりっきりで、一切の家族活動を放棄してきた身勝手な私を文句1つ言わずに支え続けてくれた家族にも、この場を借りてお礼を言いたい。

2015年2月吉日

星野達也

［著者］

星野達也（ほしの・たつや）

ショーワグローブ株式会社代表取締役社長。株式会社ナインシグマ・ジャパン顧問。1972年、栃木県出身。東京大学工学部地球システム工学科卒業、同大学院地球システム工学科修了。修了後、大学院時代を過ごしたルレオ工科大学（スウェーデン）で客員研究員として研究を継続。専門はダイナマイトによる岩盤発破の最適化。1999年、三井金属に鉱山技術者として入社。2000年、マッキンゼー・アンド・カンパニー入社。製造業界を中心に、経営戦略策定、新規市場参入、マーケティング、コストカットなど多数のプロジェクトに従事。2006年、ナインシグマ・ジャパン設立に参画。設立後、100社以上の大手メーカーのオープン・イノベーション支援に携わる。また、国内の大学や中小企業の技術を世界に発信することにも力を入れ、大学の産学連携本部や地方の産業振興団体との連携強化にも注力。2016年、みずからオープン・イノベーションを実践するために、和歌山県にあるノーリツプレシジョンに移籍。モノづくり企業が目指すべきオープン・イノベーションのあり方について、さらなる検証を試みる。2023年、兵庫県にあるショーワグローブの代表取締役に就任。オープン・イノベーションを活用した企業変革に挑戦中。

オープン・イノベーションの教科書
――社外の技術でビジネスをつくる実践ステップ

2015年2月26日　第1刷発行
2024年8月1日　第7刷発行

著　者――星野達也
発行所――ダイヤモンド社
〒150-8409　東京都渋谷区神宮前6-12-17
https://www.diamond.co.jp/
電話／03·5778·7228（編集）　03·5778·7240（販売）
装丁――bookwall
製作進行――ダイヤモンド・グラフィック社
本文デザイン・DTP――岸 和泉
印刷――堀内印刷所（本文）・加藤文明社（カバー）
製本――本間製本
編集担当――村田康明

ISBN 978-4-478-03922-9